U0057909

位置記憶法

位置記憶法
竹子 甘蔗 芋頭 蔥 馬鈴薯 牛蒡 蓮藕
走道
臥室
客廳
陽台
浴室

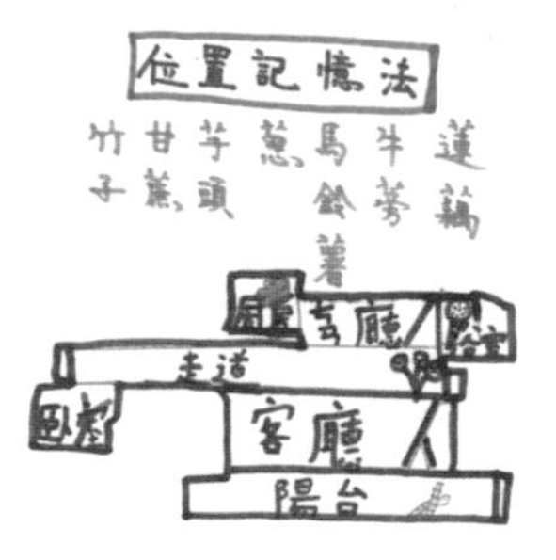

◎彩圖 1　位置記憶法◎

（鄭軒鵬作品）

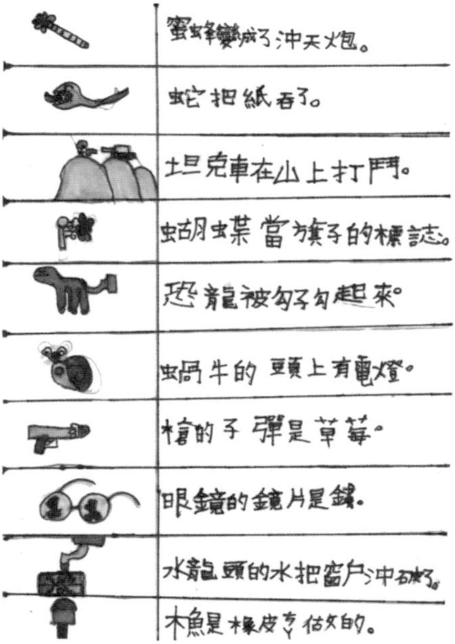

蜜蜂變成了沖天炮。
蛇把紙吞了。
坦克車在山上打鬥。
蝴蝶當旗子的標誌。
恐龍被勾子勾起來。
蝸牛的頭上有電燈。
槍的子彈是草莓。
眼鏡的鏡片是錶。
水龍頭的水把窗戶沖破了。
木魚是橡皮ㄘㄚ做的。

◎彩圖 2　數字掛勾法◎

（劉彥廷作品）

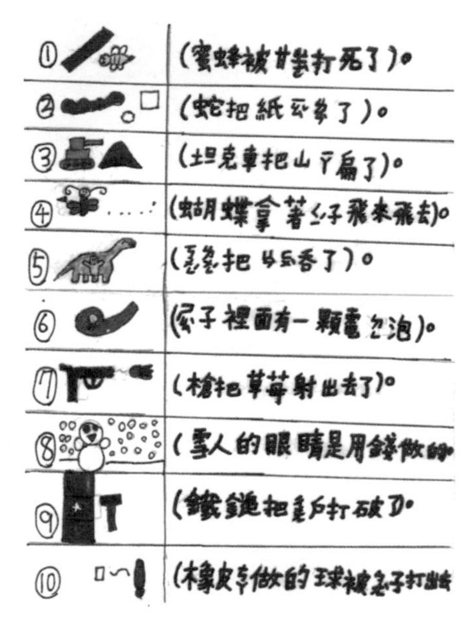

◎彩圖 3　數字掛勾法◎

（楊炫恭作品）

◎彩圖 4　數字掛勾法◎

（游以涵作品）

◎彩圖 5　魔術數字法◎

（鄭軒鵬作品）

◎彩圖 6　身體掛勾法◎

（沈宜瑾作品）

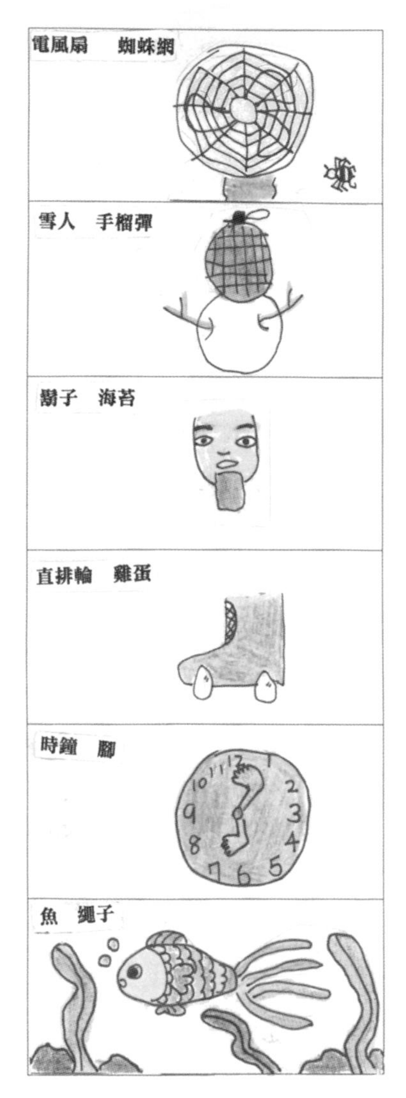

◎彩圖 7　配對聯想法◎

（王思雅作品）

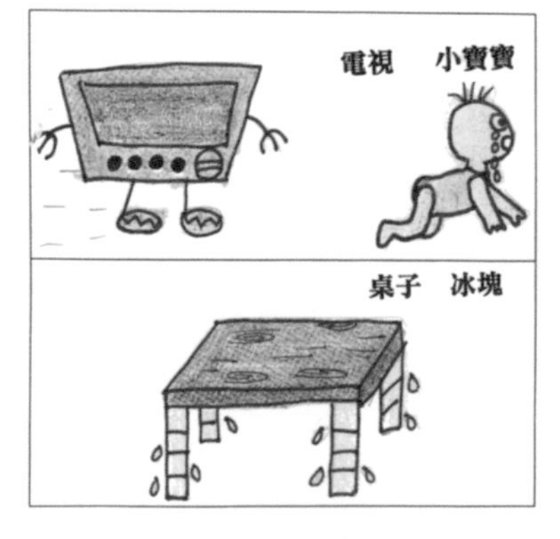

◎彩圖 8　配對聯想法◎

（王思雅作品）

餓的話每日熬一鷹
（俄德法美日奧義英）。

◎彩圖 9　首字縮寫法＋諧音法＋心像法◎

（鄭軒鵬作品）

◎彩圖 10　首字縮寫法＋諧音法＋心像法◎

（林維彥作品）

◎彩圖 11　首字縮寫法＋諧音法＋心像法◎

（鄭軒鵬作品）

◎彩圖 12　首字縮寫法＋諧音法＋心像法◎

（沈宜瑾作品）

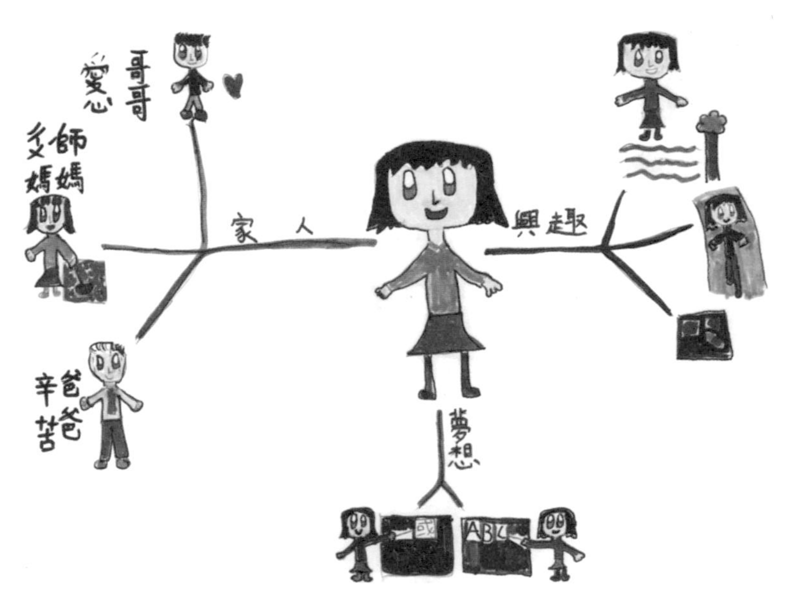

◎彩圖 13　心智繪圖◎

（張琪作品）

◎彩圖 14　人名記憶法

（鄭軒鵬作品）

彩圖 15　人名記憶法◎

（鄭軒鵬作品）

◎彩圖 16　人名記憶法◎

（鄭軒鵬作品）

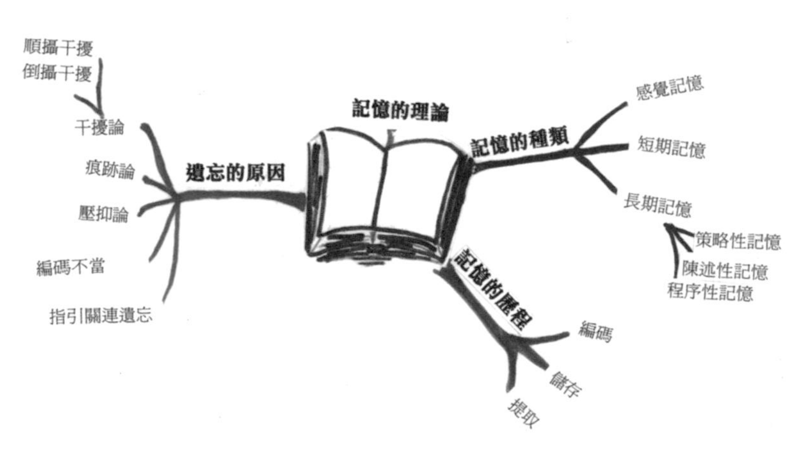

◎彩圖 17　心智繪圖◎

Education

全腦開發記憶策略與實務

常雅珍◎著

心理出版社

作者簡介

常雅珍

台灣師範大學教育心理學博士，著有注音符號教學新法《精緻化教學法》、初學作文新妙方《觀察學習＋心智繪圖》，作品曾獲 2003 年及 2004 年全國創意教學「優等獎」、中華民國課程與教學學會「實務研發成果獎」，曾任頂溪國小教師、空中大學及康寧護專兼任教師，目前擔任中臺科技大學幼保系助理教授。

序

終身學習不僅是一句口號，也是未來學習的趨勢，瞬息萬變的今日，不僅學生需要學習，成人在工作職場面臨進修或轉型時，也需要充電再學習。在學習的過程中，記憶像一把鑰匙，可以幫助你隨時提取所學的材料，了解自己學到多少。然而，不僅成年人有記不住的困擾，許多學生在學習過程中，更是飽受其苦，以下略舉兩個例子加以說明。

小王出入考場多年，每次應考，背上都背著數十本書，背包一放下來，便劃破周遭的寂靜。接著，他拿出的每一本書，雖然都曾讀過，書本內卻是一片空白，沒有任何畫線或標記，考完試後，他無奈的表示，自己已經連續考五年研究所，每次都名落孫山，也都花了不少時間看書，眞不知問題出在哪裡？

小美每日埋首苦讀，花了許多時間強記死背。既期待又怕受傷害的一天終於來臨，懷著戰戰兢兢的心情應考，小美看到幾題申論題，心中竊喜，因爲自己讀過有印象，考完試後，卻不禁抱頭痛哭、捶胸頓足，因爲幾題申論題的答案，都只寫了一半，有幾個答案

明明讀過，當時卻偏偏想不起來？

小王最大的問題，在於不了解左腦的功能，左腦的容量有限，應該以畫重點、關鍵字、做筆記、列大綱等方式將資料精簡，才能發揮左腦的功能，小王不懂如何使用大腦存檔的指令，不能將學習資料系統化、組織化的精簡，因此所讀過的學習內容，容易看了即忘。小美遇到記憶廣度已超過五至九個意元的學習材料，仍採用左腦機械性複誦方式死背，當學習材料增多，繁瑣的資料無法統整，必然記憶零碎不完整，此刻若不能採用右腦圖像式的記憶策略，再配合左腦的分析歸納，可能會丟東落西，記憶缺乏完整性。

當孩子進入學校學習之後，學校課程大多偏重左腦的語文、邏輯、分析及推理，忽略了應用記憶的金庫——右腦的創意、想像力、圖像和色彩，使左腦成為優勢腦，右腦日趨劣勢，筆者在教導小學三年級時做過問卷調查，發現左右腦均衡發展型只有 30%，左腦優勢者佔 47%，右腦優勢者佔 23%，與前面所述相呼應。基於左右腦的使用原則，當然是「一腦不如兩腦好」，所以本書提供全腦開發記憶的信念、理論、技巧和讀書方法。

其次，學校教育重視知識的傳授，較忽略記憶策略及信念的啓發，本書所提供的全腦開發記憶方式，是學習者應具備的工具，一般人汲汲於追求知識，卻忘了使用簡易的工具來輔助學習，它可以幫助你學得既有樂趣又有效率。

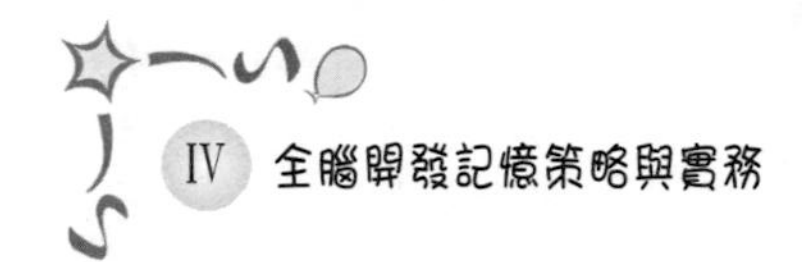

本書中除了具體的理論外，也記錄筆者多年來的讀書方法、班級經營實務經驗以及筆者將全腦開發的記憶策略應用在國小三年級學生學習後的成果，希望同樣身爲老師或家長的你也能和孩子應用全腦開發的學習方式，自在又快樂的翺翔在學習的領域中。

本書之完成，感謝毛國楠教授在動機領域方面的啓發、曾端真教授在班級經營與輔導上的引導以及頂溪國小一群聰明乖巧又有創意的小朋友，並感謝心理出版社林敬堯先生及李晶小姐的幫忙，在此致上最高謝意。

常雅珍

目　次

圖表目次

第一章

記憶的信念

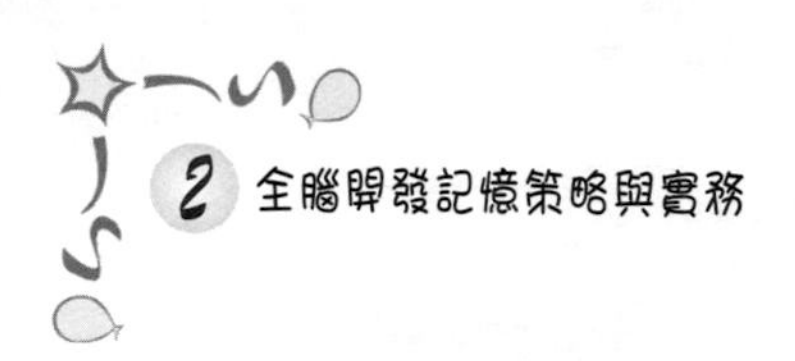

俗話說得好，天下沒有白吃的午餐，記憶策略縱然能幫助你的記憶更有效率，並更具系統性、整體性，但是依然要具備正確的信念，才能啓動記憶成功的機制，記憶成功的密碼公式如下：

記憶成功＝強烈的內在動機＋堅定的自信心＋適當的策略＋掌握時間的行動力

壹、強烈的內在動機

學習的動機可以分爲「內在動機」和「外在動機」，「外在動機」包括逃避懲罰、追求酬賞及讚賞，「內在動機」包括了解事物的重要性及內在的興趣。外在動機固然有效，卻不持久。一旦有效的增強物或懲罰消失，當事者可能就像汽車失去燃料，沒有動力繼續學習，所以最好的學習態度是能秉持內在動機，了解事物的重要性之外，若能引發濃厚的興趣，那麼成功將指日可待。

發明大王愛迪生每天日以繼夜的從事發明，當人們問到他每天工作會不會很辛苦時，他納悶的說：「我不覺得自己在工作，我在探索和遊戲，一點都不苦，是很有趣的事啊！」由此可見，當學習心態提升到內在動機時，會讓人進入類似 Csikszentmihalyi所說的「浮流」（flow）經驗，當事者能享受學習本身的樂趣，就像登山者爬上一座從未爬過的山，體驗到前所未

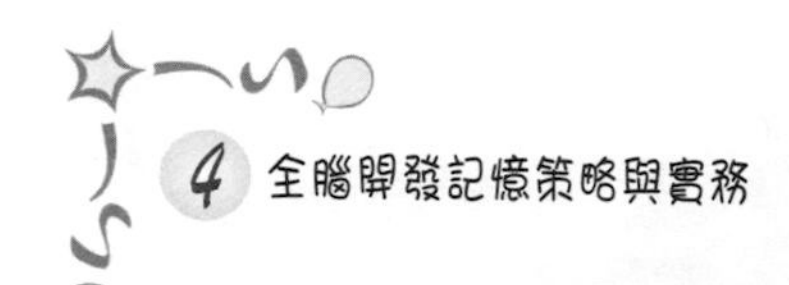

有的滿足，這種情境提供人去迎接環境中的挑戰。

建立內在動機的前提，在於抱持 Fromm 所謂 **being 的生活情態**，也就是學習事物的理由，在於內在的充實，而非外在的有形獲得，在此一思維下，學習者會感到如沐春風，豐富的學習過程更重於最後的學習結果。反過來說，倘若學習者抱持 **having 的生活情態**，凡所作所爲，一定要得到物質回饋，那麼學起來壓力強大，終日提心吊膽，擔心不能得到好的成績，又害怕輸給別人，還擔心學了以後，對升官發財沒影響，白學一場，在這種患得患失的心態下，學習成效自然大打折扣，因此，學習者在學習之前，建立正確的學習動機非常重要。

貳、堅定的自信心

Seligman 在一九六〇年代將狗置於無法逃脫的處境，然後施予電擊，電流強度足以引起狗的痛苦，卻不至於引發身體的傷害，結果發現狗在電擊之初感到驚恐，之後就躺臥在地板上，即使有逃脫的機會，牠也不願嘗試，由此發現「**習得無助感**」的傷害性，然而此一負面效應，也存在著許多人的想法中，如何避免此一錯誤信念，必須建立正確的歸因（詳見第七章）。

因爲籠罩在負面思維的干擾下，許多人卻在夢想前躊躇不定、猶豫不決，下列四個人的思維中，你看到了什麼？

甲：我好想考上大學，但是我知道我很笨，我做不到。

乙：我很想上大學，我不聰明，但我想要試一試。

丙：我想唸大學，我想我有機會會考上。

丁：我想升大學，我相信自己一定會成功。

從上述對話中，可以看出甲是典型的習得無助者，沒有自信心，面對未來，很可能還是原地踏步，看著別人成功，自己只能妄自菲薄、自怨自哀；乙和丙雖然具有鬥志、願意嘗試，但是遇到挫折時，很可能就此打消念頭、打退堂鼓；只有丁具有堅定的自信心，所以即使面對挫折，他也會勇於面對，成功指日可待。

然而，大家別忘了，我們與生俱來擁有神奇的大腦，其中蘊藏豐富的寶藏，等待著我們去開發和攫取，越是經常使用及刺激大腦的神經元，神經傳導的速度越快，大腦的功能就更加敏銳，所以大家應該充滿自信，因為自信是致勝的關鍵，自信的情境下，讓人充滿正面情緒，心情愉快，更有利於開發自己的潛能，讓生命在學習中充實與成長，綻放出璀璨永恆的光輝。

參、適當的策略

你是否曾經有過相同的經驗，一直習慣到某一定點的舊路，以為這條路寬廣便捷，望一望雜草叢生的小路，看起來寸步難行，但是走進小路披荊斬棘之後，你開創了一條新路，看到更

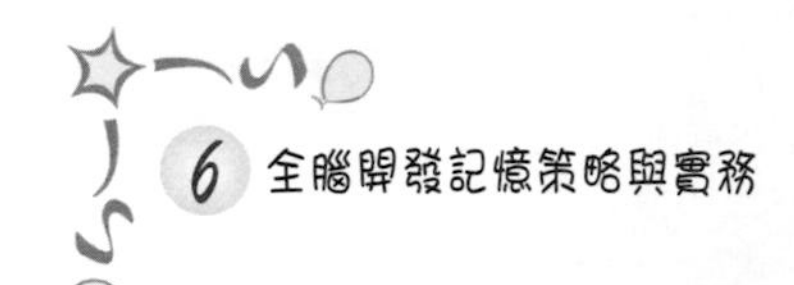

美的景緻，找到另一個春天，相形比較之下，才發現舊路走起來浪費時間，而且沒有效率。

全腦開發的記憶策略就像那條小路，很可能顛覆你原本死記強背的記憶方式，一開始讓你難以接受，你會覺得要花那麼多時間做心智繪圖、了解學習方法、開發記憶策略，似乎要花費許多時間，不如不斷死背強記，還不是記得住？

但是一旦使用它，你會發現同樣的兩小時，你已經能掌握重點，記憶深刻，使用舊方法，不斷囫圇吞棗的人，對自己的學習材料可能依舊渾然不知，沒有整體概念。所以了解自己，找到適當的記憶策略，可以讓你事半功倍，學得更有效率。但是記憶策略並非萬靈藥，請記得「天下沒有白吃的午餐」，在學習融會貫通之前，還是要花費時間、投注心力。

肆、掌握時間的行動力

每個人生來環境不同，有人生來家財萬貫，有人生來一貧如洗，但是，上天給我們相同的時間，每個人每一天都是二十四小時，不會因爲貧富而有所不同，時間一去不復返，倘若大家能善用時間，就能成就許多大事，讓有限的人生煥發無比的光亮！

對許多人而言，要量入爲出、開源節流，就得學著做記帳的工夫，看緊自己的荷包，但是卻很少對自己的學習時間，抱持精打細算的想法，到底要如何把握時間？最好的方法就是**訂立學習計畫表**。

學習計畫表訂立時，仍有些原則需要特別注意：

一、注意序列效應中的「初始效應」和「時近效應」，亦即在所有的學習材料中，剛開始學的和最後學的，記憶最深刻，因此在編制學習計畫表時，應該將**較重要或較困難的部分放在前後，較簡單或不重要的學習材料放在中間**。

二、讀書時間的安排可以分為「集中學習」及「分散學習」兩種，其中採用「**分散學習**」的方法為佳，因為每個人的注意力時間有限，要一次讀完所有的學習材料不太可能，最好能加以區隔，並適時休息。困難科目、年紀小、較沒有經驗的學習者，學習初期的時間長度應該短一些；而需要花很多時間準備或解決問題的科目適合用集中學習法（郭曉蓉，2004）。

三、為了減少舊的學習內容影響新的學習內容（順攝抑制），以及新的學習內容影響舊的學習內容（倒攝抑制），所以學習計畫中**相似的學科盡量不要連在一起**，讀了英文半小時，再算數學一小時，效果會比讀英文半小時，再唸日文一小時好，因為相似性的干擾降低。

四、選擇良好的環境，可以減少分心的干擾，遠離電視、冰箱、床鋪等誘惑，可以避免自己偷懶，讓學習的專注力維持較久；適度的休息，不僅對眼睛有益，也讓大腦藉此機會澄清思考，更有觸類旁通的效果。

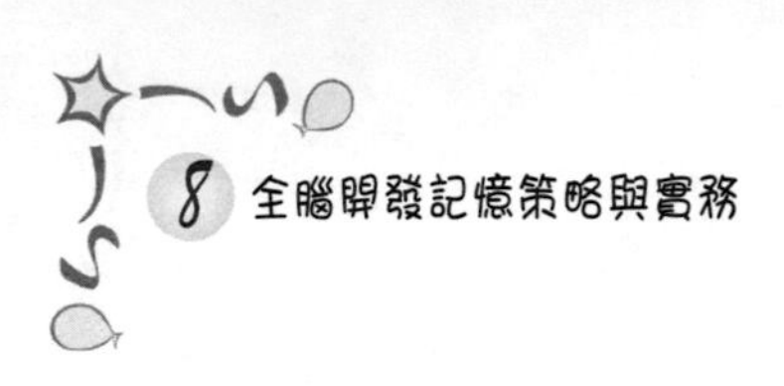

第二章

神奇的大腦

上天賜予人類一個神奇的禮物，善用它的人，學習將充滿樂趣；不懂如何用它的人，學習會感到枯燥乏味，開發它的人，能將自己的潛能發揮到極限，而且可以減少老年癡呆症的發生，不懂得用它的人，既有的功能也會慢慢退化，自己的潛能發揮不到百分之十；它像鑽石一樣，透過精雕細琢，更能顯現出璀璨的光輝；它可以讓你像貝多芬一樣，成就曠世名曲；也可以讓你如愛因斯坦一般，發展出不可思議的「相對論」，更可以讓你如愛迪生一樣，成就數以千計的發明，它是人類之所以不同於其他動物最大的資產，也是每個人所擁有獨一無二的寶藏，它是誰呢？我想你一定迫不及待的想要知道答案，那就是我們的「**大腦**」。

壹、三合一的腦

探討全腦開發之前，首先讓我們先了解大腦的基本結構，大腦的結構十分複雜，Rose 和 Nicholl 在《學習地圖》（*Accelerated learning for the 21st century*）中提到保羅・麥肯林所謂「**三合一的腦**」，用淺顯的方式引領我們了解大腦的機制，包括**爬蟲類的腦、哺乳類的腦及思考性的腦**，分別是**腦幹、邊緣系統及新皮質**。

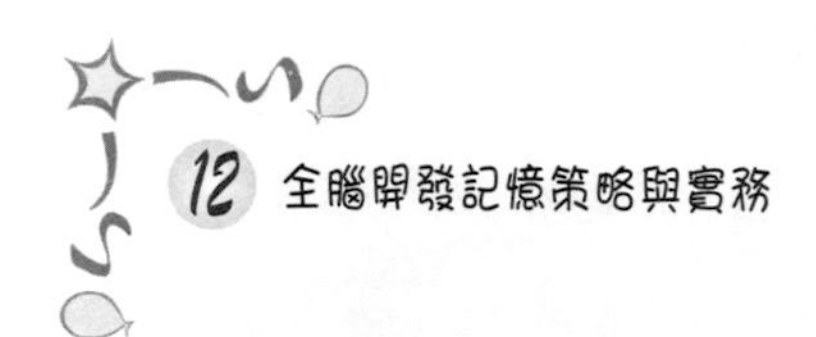

一、腦幹

它是人類與較低等之蜥蜴、鱷魚等爬蟲類所共有的，所以又稱爲爬蟲類的腦。其基本功能包括呼吸、心跳及直覺反射，例如遇到危險時，直覺反射下會產生害怕的感覺，有助於逃脫。

二、邊緣系統

因爲它和哺乳類腦中的主要成分相似，所以又稱爲哺乳類的腦。包括腦下丘、杏仁核及海馬回等，控制賀爾蒙的分泌、新陳代謝的功能，更掌控了情緒和記憶。Isen（1990）發現正向情緒可以創造「寬廣多樣性的認知組織及能力去統整不同的材料」，其成效在於促進腦中多巴胺的分泌（Ashby, Isen & Turken, 1999），多巴胺是一種由腦下丘神經傳導物質分泌，可以刺激腦細胞動作協調，證明正向情感擴大認知，然而負向情感會窄化人的注意力，讓人們爲了一棵樹而放棄整個森林。

Fredrickson與Branigan（2000）從剪接的錄影帶中引發受試者關於歡愉、滿足、恐懼及生氣的情緒，也利用剪接影片呈現一個中立控制的狀況，根據每一種剪接影片立刻測量受試者的身體狀況，並要求他們離開影片的特殊情況，想像一種相似感覺的情境，然後請受試者列出他們當時最想做的事及其感覺，開始記錄「我想要……」等二十個問題。

從每一位受試者的答案，發現擴大認知選擇的假設獲得支持，受試者在兩種正向情境（歡愉和滿足）中可以確認更多想去做的事，而在另外兩種負向情緒的情境（害怕和生氣），比中立組所回答想做的事更少。

這些證據顯示高度活化的歡愉情境及低活化的滿足情境，每一種都比中立情緒組創造出更寬廣的思考行動技能，相反的，兩種負向情緒（害怕和生氣），會比中立情緒組窄化思考行動技能，這些反應支持擴大建立理論的核心假設——正向情緒可以擴大人類思考行動，負向情緒則侷限在特定的行動上。

綜合上述，可知正向情緒的重要性，想要擁有更寬廣的記憶力，培養正向情緒是不二法門。

三、新皮質

人類之所以異於其他動物，主要在於新皮質，它是人類語言、思考、創意、感官知覺的泉源，可以進一步區分爲左腦和右腦。Rose和Nicholl在《學習地圖》中以一個巧妙的隱喻來說明三合一的腦彼此之間的關係，提到「第一隻手握拳，另一隻手的手掌握住這個拳頭，第一隻手的腕部代表『爬蟲類的腦』（腦幹），第一隻手的拳頭代表『哺乳類的腦』（邊緣系統），而第二隻手掌握住拳頭的部分則代表『思考性的腦』（新皮質）」。

貳、左腦和右腦

林乾義和關爾嘉（2001）指出，依照英國和德國的計算法，人的大腦有一千億個神經元和九千億個神經膠質細胞，亦即人腦有一兆個神經細胞。其中又可以分為左腦和右腦兩部分。究竟左右腦的功能應該如何區別？林乾義和關爾嘉（2001）及蔡煒震（2004）指出，**左腦的功能在於數字、文字、語言、邏輯推理、分析、判斷及組織；右腦的功能在於圖像、色彩、旋律、空間、直覺、創造力、想像力**，七田真（1997）指出左腦的記憶猶如一塊磁碟片，容量一旦滿了，新的資料便無法輸入，必須清除部分空間，才能存進新資料，右腦則依賴圖像學習，沒有記憶上的限制，所以可以說是**長期記憶的基礎**（蔡煒震，2004）。

左右腦雖然各司不同的功能，但幾乎所有的學習都會牽動兩者，所以應該是**相輔相成**的，舉例來說，我們在日常生活中，隨時透過語言與別人對談，對談的內容是左腦思考的重心，而觀察別人臉上的表情及肢體的動作，則是右腦的直覺性發揮其功能，唯有兼重兩者，才能使我們獲得正確的訊息，只用左腦了解說話內容，若對方說出的話言不由衷，可能會受到欺騙，因此再用右腦將對方的非語言動作及表情加以檢驗，才能了解全貌。

所以歌曲較課本的內容容易學習，乃因結合了左右腦，我們透過左腦學會歌詞，右腦了解旋律，左右開弓的效果下，學習自然立竿見影，因此鍛鍊左右腦共同合作，攜手並進，「**全腦開發**」將幫助你達到學習的高峰，左腦幫助你學得更有意義，右腦輔助你學得充滿樂趣。

參、左腦的學習型態

左腦學習的先決條件有三，亦即**理解力、精進力及組織力**。

一、理解力

許多人都曾有過考試的經驗，當考試的科目是自己毫無興趣、不能理解，不得不應考的情況下，只好死記強背，囫圇吞棗，雖然耗時費工，卻還是考得不好，而且考完試鐘聲響起那一剎那，所有的學習內容也隨之拋諸腦後，忘得一乾二淨。爲什麼呢？因爲邏輯推理的理解力，是左腦的必備良方，當我們對學習材料一知半解，左腦很難加以消化吸收，存入大腦資料庫中。所以理解力是左腦出奇制勝的關鍵，任何的學習材料，經由左腦學習後能加以理解，才有助於記憶。

二、精進力

七田真（2002）曾指出左腦的容量有限，所以當你讀完一本書或聽完一場演講，左腦的容量無法讓你將書中內容鉅細靡遺的記憶起來，只能透過理性的分析，將內容去蕪存菁，把握關鍵及重點，做精進的資料處理。

三、組織力

左腦和右腦都很難接受零碎、片段又不完整的學習材料，所以我們學習的當下，要先進行分類、整理，讓資料系統化，建立大綱，讓左腦找到索引的方向，更有利於記憶學習內容。

肆、右腦的學習型態

探討右腦學習之前，首先應先了解腦波的型態，蔡煒震（2004）指出了解腦波的型態，可以反映出一個人的精神狀態，而腦波型態大致可以區分爲四種型態：

一、δ 波：此時大腦以每秒 0.5-4 個波長的頻率運行著，是人們已經沈睡時大腦所發出的腦波。

二、θ 波：此時大腦以每秒 4-7 個波長的頻率運行著，此時或許正是人們即將睡著，卻又還沒入睡，正處於「半夢半醒之間」，卻也是靈感乍現的時刻，許多創意在此時泉湧而上。

三、α 波：此時大腦以每秒 8-12 個波長的頻率運行著，當人類放鬆自己，進入幻想或做白日夢時，大腦會發出此種腦波。

四、β 波：此時大腦以每秒 13-25 個波長的頻率運行著，當人類清醒、專注且提高警覺去思考和分析時，大腦會發出此種腦波。

七田真（1997）指出只有在θ波和α波的狀態下，可以讓記憶力超強，創意也隨之無遠弗屆，所以學習之前，首先要能擁有正向情緒、心情愉快，才能放鬆自己，強化學習的效率，這是學習右腦記憶的先決條件。

其次，**透過豐富的想像力將抽象的文字幻化為圖像，再用聯結力加以環扣，組織學習內容加以重組，輔以多重感官的刺激來激發腦力**，可以使回憶更加逼真，學習更加快速。

七田真（2002）強調右腦革命的重要性，認為想像力、創造力及靈感是右腦學習的不二法門，Higbee（2001）則認為聯結力也是右腦學習的關鍵之一，因此，右腦的學習型態可以歸納如下：

一、想像力

愛因斯坦曾說：「想像重於知識，因為知識能解決的問題是有限的，想像力則能讓人擁抱世界、激發潛能，帶來全人類的進步與發展！」所以想像力就像右腦的電源，失去電源，右腦無法啓動，一旦啓發，透過想像力的推波助瀾，可以讓枯燥的學習加入視覺想像，增添色彩；融入聽覺感受，更有活力；引入觸覺感受，豐富刺激；導入嗅覺和味覺的蓓蕾，芬芳四溢。

二、聯結力

大腦之所以能開發潛能，原因並不在於腦容量的多寡，而在於腦細胞彼此之間的聯結，讓思維從中活躍起來，從甲聯結到乙，從乙聯想到丁，並能進而串連成一個故事來幫助學習，當想像力開始展翅翺翔，透過聯結力，能夠更上層樓，衝入雲霄。

三、創造力

未來的世界裡，唯有創造力才能解決「不可能的任務」，帶領人類走入更完美的境地。創造力可能來自發現問題，因爲發現問題是解題的關鍵：一個好的發現問題者，需要較高的創造力及動機。愛迪生之所以成爲「發明大王」，是因爲他洞察先機，可以從生活中的不便，力求改變與創新，所以一個好的問題，可以引發分析與思考，促成社會進步的原動力。

在培養創造力的過程中，透過**水平思考**效果更勝於**垂直思考**，它可以免於「**功能固著**」及「**習慣僵化**」，例如前中研院院長吳大猷，接見一位記者的採訪，記者請他吃核桃時，才發現自己忘了帶核桃鉗，所以無法剝殼，正在道歉之際，吳大猷笑著說：「這還不簡單！」，於是他拿起桌上陳列的獎盃，就把核桃殼敲碎了，在日常生活中，我們會遇到許多突如其來的事情，如果在例行的程序貼上標籤，也就限制了創意的空間，若能養成隨機應變的能力，問題或許很容易能迎刃而解。

四、靈感

直覺力所帶來的靈感，就像**智慧的火花**，古今多少奇人異士，憑藉於此，留下永垂不朽的發明或鉅作，例如發明小兒麻痺疫苗的沙克說：「睡醒以後，想到自己的直覺所帶來的驚喜，就令人雀躍不已！根據直覺，成就不少大事！」

靈感的產生，往往在θ波和α波的狀態下，所以暫時的放鬆自己或睡一覺，都有助於靈感的乍現，靈感來臨時，或許在半夢半醒之間，在此一當下，立即捕捉靈感，動筆寫下智慧的火花，將帶領你更上一層樓。

3

第三章

記憶的理論

了解大腦的機制之後，透過記憶的理論，可以讓你更進一步了解人是如何記憶的，本章將就記憶的歷程、記憶的種類、遺忘的原因加以說明。

壹、記憶的歷程

一、編碼（encoding）

編碼是指個體接收外在訊息後，將這些刺激的各種特徵，經心理運思轉換成另一種文字、圖形或符號（葉重新，2000）。

以注音符號爲例，可以將其轉換成形碼、聲碼、意碼，甚至動碼，像是「ㄇ」的形狀（形碼）看起來像門，「ㄡ」聽起來像野狼的叫聲（聲碼），「ㄕ」可以聯想到獅子的獅（意碼），而ㄅ這個符號聽來像汽水罐打開的聲音（聲碼），我們以拳頭代表汽水罐，大拇指舉起來做出拉罐的動作，代表ㄅ，這個動作的樣子也像ㄅ，就是一種動碼（常雅珍，1998）。

動碼範例：ㄅ像汽水罐打開的聲音

張春興（1994）指出利用形碼、聲碼、意碼、動碼等多重編碼的方式，可以幫助記憶，是記憶成功的先決條件。

二、儲存（retention）

儲存是指將已經編碼好的訊息，留在記憶中，提供必要時作爲提取之用。

三、提取（retrieval）

提取的方式是將儲存在腦海中的訊息找出來，其方式大致可以分爲兩種，較簡易的方式是再認題，可以透過選擇或是非的方式辨識記憶的成效，第二種是回憶，像是填充、問答，必須自己從腦海中提取出合適的學習材料，更高階的申論題型，除了提取訊息之外，還須加以統整。

貳、記憶的種類

記憶的歷程，依照訊息處理論之學者的說法，涵蓋三種不同的類型：

一、感覺記憶（sensory memory）

感覺記憶是指個體透過視覺、聽覺、味覺、嗅覺、觸覺等感官來感受外在刺激，所引發的短暫記憶（張春興，1994）。

感覺記憶的出現，就像電視的螢幕打開，所見所聞稍不留意，過目即忘，大多數的訊息都會被遺忘，所以如果我問你：「今天吃早餐時，見過哪些人？」我想你很難完全記得，要**引起你的注意，除非必備三個條件，就是熟悉、新奇和重要性**（張春興，1994）。試著想一想，如果是遇到熟人，具備熟悉性，你一定印象深刻；倘若遇到偶像明星，具備新奇性，肯定是忘不了；而我若是告訴你，明天考試要考吃早餐所遇見的人，並且一一說明，基於重要性，你也一定會特別記住。

二、短期記憶（short-term memory）

感覺記憶中能引起注意，進而保存二十秒以下（張春興，1994），也就進入所謂的短期記憶。短期記憶要進入長期記憶，可以透過兩種方式，第一種是傳統的複誦，第二種是精緻化的記憶策略，傳統的複誦方式簡單，但是不斷的背，缺乏效率且容易遺忘，精緻化的記憶策略雖然必須花時間將學習材料加以組織、統整並聯結，但是策略一旦啓用，記憶較深刻，不容易忘記，本書第三章所介紹的就是精緻化的記憶策略。

三、長期記憶（long-term memory）

長期記憶是指記憶中能夠長期保存的訊息，其中包括兩種不需特別留意，卻歷久不忘的記憶，亦即**閃光燈記憶**（flashbulb memory）和**萊斯托夫效應**（Restorff effect），**閃光燈記憶是指震撼人心的新聞事件難以忘懷，例如美國 911 恐怖攻擊事件，**

萊斯托夫效應是指特殊的人物或事件，容易讓人記憶深刻，例如路上遇到明星。

長期記憶儲存著下列幾種記憶：

㈠**程序性記憶**（procedural memory）：主要是透過實際操作而學得的行動性記憶，像是騎腳踏車。

㈡**陳述性記憶**（declarative memory）：是指事實性或自己生活經驗的記憶，也是學校知識的主體。

㈢**策略性記憶**（strategies memory）：學習如何透過策略對自己的學習狀況自我監控。

參、遺忘的原因

德國心理學家 Ebbinghaus 以無意義的音節作爲學習材料，在不同的時間點，看學生需要花多少時間學習，才能達到原本百分之百的記憶，結果顯示遺忘的速度在學習後二十分鐘內下降速度最快，二十分鐘後重新學習可以節省 58.2%的時間，就是說二十分鐘後已經遺忘了 41.8%（李鵬安，2004），一小時後重新學習可以節省 44.2%的時間，也就是說一小時後已經遺忘 55.8%，一天後重新學習可以節省 33.7%的時間，也就是說一天後已經遺忘 66.3%，可見遺忘的速度很快，因此複習實是學習者不可或缺的工作。

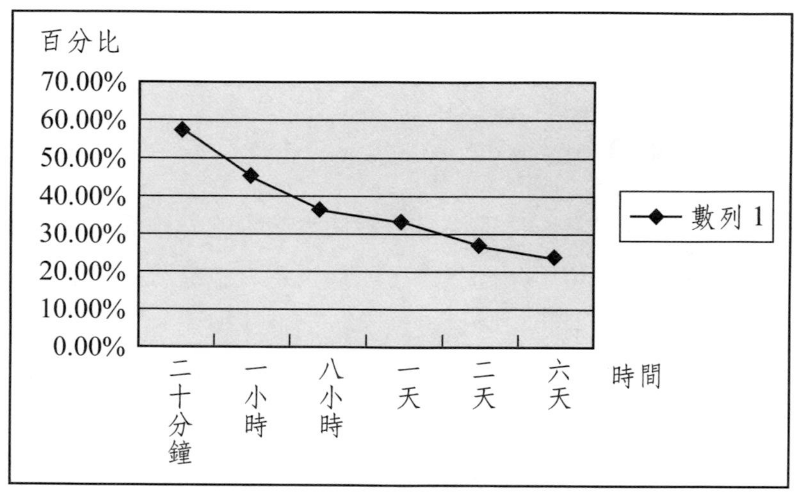

雖然許多人都抱怨自己記性不好，害怕重要的學習內容忘得太快，但是遺忘也並非完全負面，試想若是每個人對於生活周遭的所見所聞都過目不忘，那麼許多痛苦的經驗也揮之不去，豈不也很傷腦筋？

接下來，讓我們一起看一看各家心理學學者們對於遺忘的原因所做的分析（張春興，1994；葉重新，2000）：

一、壓抑論

精神分析學派學者 Freud 認爲我們對某種經驗記不住，可能是該經驗具有不愉快的性質，讓個體避免去回憶，以便減少焦慮。這種個體將意識中不愉快的經驗，壓抑在潛意識之中的現象，稱爲動機性的遺忘（motivated forgetting）。例如某人很討厭甲上司，他對於所有上司的名字都如數家珍，就是叫不出甲上司的名字。

二、痕跡論（trace theory）

完形心理學者認為透過學習會使大腦中的神經活動產生變化，在不同部位留下不同痕跡，所以稱為大腦痕跡。隨著時間的增長，記憶痕跡也會隨之衰退，因而形成遺忘，但此一論述無法解釋**回復記憶**（reminiscence），亦即原本想不起來的往事，稍後卻又想起來，也無法解釋**超常記憶**（hypermensia），亦即某些訊息的記憶，隨著時光流逝，反而記憶猶新。

三、干擾論（interferene theory）

行為主義學者認為遺忘的原因是因為學習經驗彼此產生干擾的緣故。這種干擾可以分為兩種型態：

㈠**順攝干擾**（proactive inhibition）：舊經驗干擾新經驗的回憶。

㈡**倒攝干擾**（retroactive inhibition）：新經驗干擾舊經驗的回憶。

四、編碼不當

在長期記憶中，語文學習通常會編成形碼、聲碼或意碼，以方便回憶時的提取，假如在短期記憶進入長期記憶的編碼過程中，注意力不集中或心不在焉，則容易導致遺忘。

五、指引關連遺忘（cue-dependent forgetting）

甲老師在教室遇到自己的學生較容易叫出名字，在外面遇到學生卻出現舌尖現象，一時說不出學生的名字，原因在於老師將情境和學生姓名一起經由編碼進入長期記憶中，這種因為情境的指引不足所引發的遺忘現象，稱為指引關連遺忘。

第四章

記憶的策略

壹、故事記憶法

每當老師說故事時，便會看到孩子們目不轉睛，沈醉在故事的情節中，因爲故事揮動孩子們與生俱來的想像翅膀，讓他們隨之進入充滿圖像色彩的新天地。在教孩子記憶時，透過「故事」串連出所要記憶的事物，也是一個趣味橫生的方式，但要叮嚀孩子，別忘了把握下列四個原則：

一、**關連性**：每件事物彼此之間要具有關連性，才能幫助意義的產生。

二、**誇張**：越誇張的事物，越容易引起注意，進而增進記憶，透過右腦學習的同時，故事情節的「合理性」，可以暫時存而不論。

三、**開發感官**：透過觸覺、味覺、嗅覺、視覺、聽覺的刺激，可以讓故事情節感同身受，更容易進入記憶深處。

四、**幽默感**：具有幽默情節的故事，笑料百出，能讓人讀了之後捧腹不已，引發的正向情緒更有助於記憶。

筆者以（甘蔗、香水、外套、牙刷、雞蛋、樹、貼紙、電視、杯子、掃把）等十件物品，作爲故事記憶的題材，讓國小三年級的學生以故事記憶法創作，小朋友們意猶未盡的創作出各式各樣的故事，創作完成的同時，筆者請他們將十件物品依

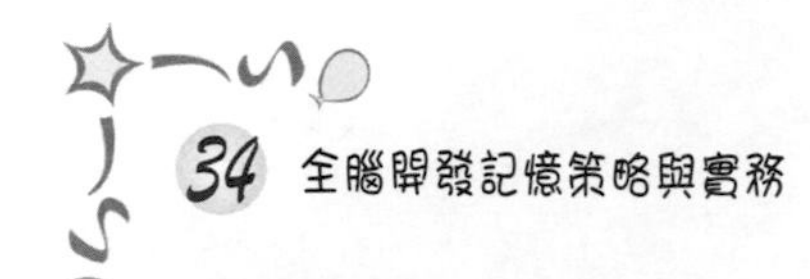

順序背出來，大家也都做到了，小朋友們還主動提出希望將故事內容以圖畫方式表現出來。

以下讓我們欣賞楊炫恭小朋友的作品，其中他善用感官的敘寫方式，很容易引發讀者的共鳴。

有一個人的肚子很餓，於是他去買**甘蔗**吃，忽然聞到一陣**香水**味，他就說：「好香啊！」因為甘蔗是冰的，他吃了覺得很冷，所以穿上**外套**，吃完了甘蔗，覺得餐後潔牙很重要，所以趕快用**牙刷**刷牙，刷完牙後，踩到一顆**雞蛋**，蛋黃流出來，害他滑了一跤，撞倒了一棵**樹**，他抬頭一看，樹上都是神奇寶貝的**貼紙**，他想起等一下將上演神奇寶貝，於是急急忙忙回家看**電視**，趕路趕得太累了，覺得很口渴，拿起杯子想裝水喝，一不小心把**杯子**摔到地上弄破了，只好趕緊拿**掃把**把碎片掃起來。

林彥廷小朋友的作品，很具創造力，也寫得很有趣。

有一個怪物叫**甘蔗**人，他聞到美女的**香水**味，味道太重，他連忙拿**外套**擋住，他一見美女的牙齒白晰動人，想起自己的牙齒很黑，所以買了**牙刷**來刷牙，刷完牙以後，發覺自己肚子很餓，就買**雞蛋**煮來吃。

吃完之後，他很倒楣遇到颱風，一棵大**樹**壓在他身上，弄得他全身是傷，他沒有 OK 繃，只好拿**貼紙**來替代，心情不好，就看**電視**打發時間，忽然聽見隔壁鄰居吵架，兩個人拿**杯子**打來打去，杯子掉在地上，他只好用**掃把**把碎片掃起來。

還有陳韋嬙小朋友的作品，富有幽默感的筆調下，令人捧腹大笑。

有一個人肚子很餓，他買了一枝大**甘蔗**，可是甘蔗過期了，食難下嚥，所以他趕緊拿**香水**來噴一噴，吃完之後，感到口中一陣辣味，冷風一吹格外冷，趕緊拿**外套**來穿。

過了一會兒，太陽出來了，他不想變黑人，所以拿出黑人亮白牙膏和**牙刷**來刷牙，順便用**雞蛋**敷一敷臉，美白一下！然後到外面散步，沒想到卻被仇人陷害，滑了一跤，撞到了**樹**。想起了仇人，真令他火冒三丈，所以他一回家，便想到一個發洩妙計，將仇人名字的**貼紙**貼在**電視**上，用**杯子**對著電視扔來扔去，杯子掉了滿地，他大笑兩聲發洩過後，再拿起**掃把**將滿地碎片掃乾淨。

貳、位置記憶法

Higbee（2001）提出位置記憶法的妙用，何謂位置記憶法呢？顧名思義，是指透過位置來幫助記憶學習材料。所應該掌握的是熟悉、常見的位置，例如家庭、學校等等，透過熟悉的位置來聯結記憶材料，才能發揮立竿見影的效果，反之，若是透過自己不熟悉的位置來記憶學習材料，一方面要思索位置，另一方面又要記憶內容，勢必會讓人感到事倍功半，手忙腳亂。

以國小三年級自然科提到七種植物的莖（竹子、甘蔗、芋頭、蔥、馬鈴薯、牛蒡、蓮藕）爲例，經由與全班同學共同討論，大家想到將記憶材料納入位置的排列方式是這樣的（參見圖 1）：

先將**竹子**放在陽台，再將**甘蔗**放入客廳，因爲竹子和甘蔗都有助於打擊小偷和壞人；進入走道，可以放一盆**芋頭**做裝飾；進入臥室要放**蔥**，因爲孩子們看見媽媽切洋蔥會流淚，認爲蔥可能有相同的效果，讓人眼睛張不開，有助於睡眠；走進廚房，用些**馬鈴薯**來做好吃的薯條；進入餐廳，喝一杯新鮮的**牛蒡**汁，補充元氣；最後將**蓮藕**放在浴室，因爲蓮藕的造型讓人聯想到浴室的蓮蓬頭。

位置記憶法

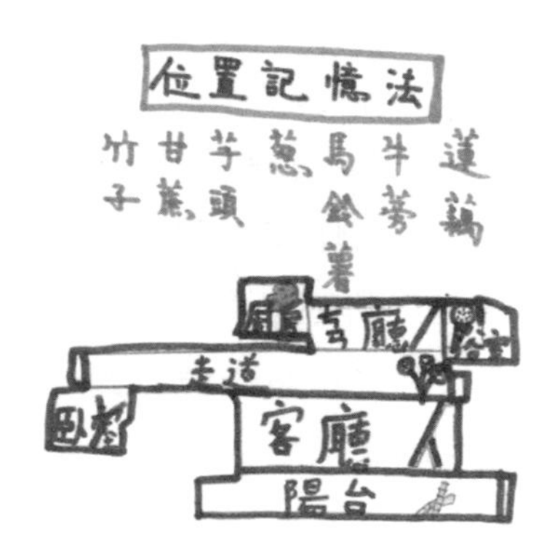

◎圖 1　位置記憶法◎

（頂溪國小　鄭軒鵬小朋友繪製）

*內文標示圖 1 者，可參見本書最前頁的彩圖 1，以下圖號依此類推。

其中，**讓位置和所配對的物品產生強烈的聯結是位置記憶成功的關鍵**，例如上述的蓮藕和蓮蓬頭，因爲形狀相似，讓人更容易記住；又如甘蔗和竹子，都屬長條型植物，讓人容易聯想到棍棒，放在門口更能發揮阻嚇的效果。透過這些聯想，可以讓位置記憶更加深刻。

爲了避免倒攝干擾（新學習影響舊記憶）及順攝干擾（舊記憶影響新學習），因此 Higbee（2001）指出當記憶的內容有好幾組時，可以透過家庭、學校或熟悉的街道繪成多種位置來幫助記憶（郭曉蓉譯，2004）。

參、數字掛勾法

Higbee（2001）指出，在日常生活中，文字的記憶若有其順序排列，則可透過數字掛勾作為輔助，其便利之處在於可以隨時跳號提取，不需固定按順序背出（郭曉蓉譯，2004），但是由於一般人對於數字掛勾並沒有先備知識，所以使用此一方法時，必須先對數字進行聯想。經由全班同學的通力合作，我們對數字的聯想情形如下：

1. 鉛筆、竹竿、甘蔗、沖天炮。
2. 天鵝、蛇。
3. 麥當勞、耳朵、山。
4. 帆船、旗子。
5. 鉤子、湯匙、孕婦。
6. 哨子、蝸牛、煙斗。
7. 7-11 便利商店、路燈、槍、拐杖。
8. 雪人、眼鏡、蝴蝶結、望遠鏡。
9. 菜刀、高爾夫球竿、水龍頭、鐵鎚、氣球。
10. 球棒和球、木魚。

下一步，是將數字與所要記憶的材料掛勾，我們所設計的學習材料有十樣，分別是**蜜蜂**、**紙**、**坦克車**、**蝴蝶**、**恐龍**、**電**

燈、草莓、錢、窗戶、橡皮擦，掛勾的同時要注意下列原則：

一、**互動性**：兩者之間具有互動關係，較容易聯想，例如「鉛筆旁邊有一隻蜜蜂」，其中鉛筆和蜜蜂沒有互動性，就不如「一隻蜜蜂正在吞鉛筆」或是「蜜蜂被鉛筆刺死了」來得好。

二、**誇張性**：越誇張的聯想，讓容易進入記憶深處，所以「眼鏡的旁邊有錢」就不如「眼鏡的鏡片是錢做的」來得妙。

三、**眞實顯現**：爲了讓數字掛勾真實的在腦海中呈現，老師可以讓孩子以繪圖的方式將設計的掛勾配對畫出來，透過此一方式，也可以增進趣味性。

以下以三年級小朋友劉彥廷的作品作爲範例（參見圖2），讓我們一窺數字掛勾的精義。

1. 蜜蜂：蜜蜂變成了沖天炮。
2. 紙：蛇把紙吞了。
3. 坦克車：坦克車在山上打鬥。
4. 蝴蝶：蝴蝶當旗子的標誌。
5. 恐龍：恐龍被鉤子勾起來。
6. 電燈：蝸牛的頭上有電燈。
7. 草莓：槍的子彈是草莓。
8. 錢：眼鏡的鏡片是錢。
9. 窗戶：水龍頭的水把窗戶沖破了。
10. 橡皮擦：木魚是橡皮擦做的。

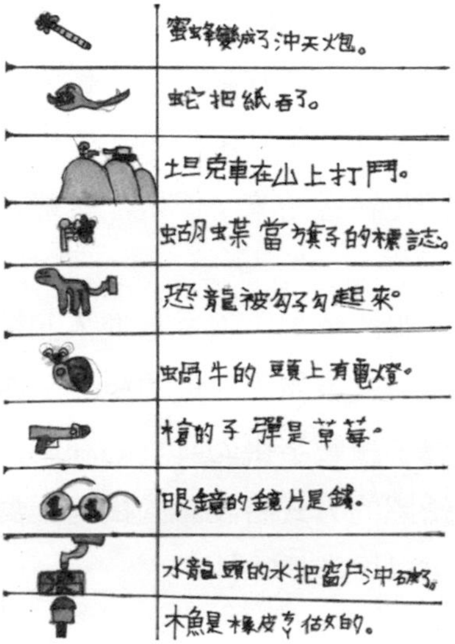

●圖 2　數字掛勾法●

（劉彥廷小朋友繪製）

楊炫恭小朋友的作品（參見圖 3），也寫得趣味十足，老師在教導數字掛勾法的同時，可以請同學說一說最欣賞同學作品中哪一個妙點子。

1. 蜜蜂：蜜蜂被甘蔗打死了。

2. 紙：蛇把紙咬爛了。

3. 坦克車：坦克車把山壓扁了。

4. 蝴蝶：蝴蝶拿著旗子飛來飛去。

5. 恐龍：恐龍把孕婦吞了。

6. 電燈：哨子裡有一個電燈泡。

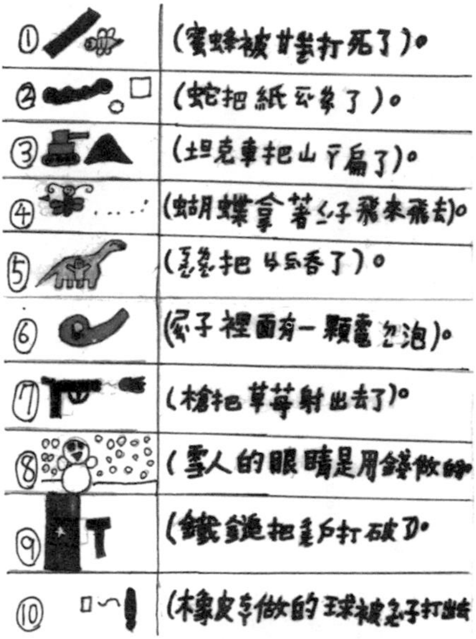

●圖3　數字掛勾法●

（楊炫恭小朋友繪製）

7. 草莓：槍把草莓射出去了。

8. 錢：雪人的眼睛是用錢做的。

9. 窗戶：鐵鎚把窗戶打破了。

10. 橡皮擦：橡皮擦做的球被棒子打出去。

游以涵小朋友的作品充滿創意（參見圖4），其中提到「草莓拿枴杖走路」及「孕婦帶恐龍去散步」等文句，令人不禁莞爾、會心一笑。

◎圖 4　數字掛勾法◎

（游以涵小朋友繪製）

1. 蜜蜂：蜜蜂撐竿跳。

2. 紙：天鵝摺紙當船。

3. 坦克車：坦克車把麥當勞壓扁了。

4. 蝴蝶：蝴蝶被旗子打哭。

5. 恐龍：孕婦帶恐龍去散步。

6. 電燈：電燈吹口哨。

7. 草莓：草莓拿枴杖走路。

8. 錢：眼鏡的鏡片是用錢做的。

9. 窗戶：窗戶吞刀。

10.橡皮擦：用橡皮擦當高爾夫的球。

肆、數字魔術記憶策略

你曾經看過魔術表演嗎？表演中最令人神乎其技的，莫過於魔術師的變幻莫測，一會兒從帽子裡拿出球，一會兒又將球變成會飛的鴿子，你相信嗎？在現實的生活中，你也可以透過神奇的大腦，變成數字遊戲的魔術師。而且這個方法十分容易，小學三年級的學生只要十五分鐘，有三分之二的人就能輕易背出下列這十六組二位數的數字。

我想你應該躍躍欲試了吧！面對無意義而且最令人頭痛的數字，如何能在短短的幾分鐘記下來，而且印象深刻呢？**關鍵在於轉換的方法，先將數字轉換爲文字，再將文字幻化爲圖像，進而變成一連串的故事**（王笑東譯，2003）。

99	87	78	28
29	10	25	95
1	35	31	59
55	49	21	61

以上面的數字表格爲例，試著將這些數字用諧音法變成文字，例如 99 聽起來像舅舅，35 聽起來像撒謊，28 聽起來像惡

霸等等，轉換成數字後，在腦海中想像它們的圖像，並設法編成一連串的故事（參見圖 5）。

舅舅	白痴	旗袍	惡霸
烈酒	棒球	二胡	救我
鉛筆	撒謊	三姨	我走
姑姑	死狗	鱷魚	拉衣

第一列和第二列

舅舅（99）受傷變白癡（87），上街時穿旗袍（78），遇到了惡霸（28），惡霸喝了烈酒（29），拿起棒球（10），當作二胡（25），干擾舅舅，舅舅大叫救我（95）。

第三列

鉛筆（1）撒謊（35），三姨（31）生氣說：「我走」（59）。

第四列

姑姑（55）踢到死狗（49），鱷魚（21）想吃死狗，一直拉姑姑的衣服（61）。

◎圖 5　魔術數字法◎

（鄭軒鵬小朋友繪製）

你一定看過一些人展示記憶數字的高超能力，基本的原理在於他們已經熟練數字所賦予的文字意義及圖像，所以可以在幾分鐘或幾秒鐘背出一連串的數字，要訓練你的敏感度，就從下圖一到九十九所賦予的文字及圖像開始練習吧！

透過此一方法，不僅能夠輕鬆記起表格中的數字，也可以用來記憶一連串的電話號碼，讓對左腦而言最頭痛的無意義數字，透過右腦來活化，變成有趣的文字遊戲，每個人都可以輕而易舉的變成數字魔術師喔！

1 鉛筆 (圖像)	2 鵝	3 山	4 帆船 (圖像)	5 鉤子 (圖像)	6 哨子 (圖像)	7 拐杖 (圖像)	8 雪人 (圖像)	9 菜刀 (圖像)	10 棒球
11 筷子 (圖像)	12 死鵝	13 玉山	14 賜死	15 食物	16 石榴	17 石器	18 尾巴	19 救護車	20 惡靈 古堡
21 鱷魚	22 餓餓	23 和尚	24 時鐘	25 二胡	26 河流	27 惡妻	28 惡霸	29 惡狗	30 山林
31 三億	32 嫦娥	33 閃閃 發光	34 展示	35 撒謊	36 山路	37 疝氣	38 三八	39 山丘	40 士林 夜市
41 司儀	42 蘇俄	43 石傘	44 斯斯 感冒藥	45 師父	46 飼料	47 司機	48 絲瓜	49 死狗	50 武林
51 烏魚	52 我餓	53 舞衫	54 武士	55 姑姑	56 烏溜溜	57 武器	58 五霸	59 五舅	60 榴槤
61 牛醫	62 牛耳	63 六扇	64 螺絲 (台語)	65 六福村	66 溜溜球	67 油漆	68 喇叭	69 琉球	70 麒麟
71 奇異果	72 企鵝	73 旗山	74 起司	75 欺侮	76 氣流	77 巧克力	78 旗袍	79 氣球	80 巴黎
81 白蟻	82 拔河	83 爬山	84 巴士	85 寶物	86 芭樂	87 白痴 (台語)	88 爸爸	89 排球 (台語)	90 蔡依林 (Jolin)
91 就醫	92 酒盒	93 軍人節	94 果汁	95 救我	96 左右	97 救濟	98 舅媽	99 舅舅	

伍、身體掛勾法

身體掛勾的方法，是以身體的各個部分結合記憶的材料，它與數字掛勾相較起來，數字掛勾必須先將數字作聯想，身體掛勾是照身體的順序由上而下，所以可以減少此一步驟，但是數字掛勾在完成記憶後，可以隨時跳號提取，任憑問到第三個是什麼？第七個是什麼？學習者立刻可以回應，身體掛勾則需循序漸進在腦海中看圖去尋找，所以數字掛勾和身體掛勾，兩者各有利弊（郭曉蓉譯，2004）。

使用身體掛勾時，許多人都會以自身的經驗作起點，所以此時善用各種感官，更能感同身受，引起注意力，例如想到榴槤，鼻子彷彿已聞到那一股奇怪的味道；說到鳳梨，別忘了它刺到身體的疼痛感；提到蝴蝶或孔雀，讓人想起牠們斑斕的色彩和條紋。

以下以身體的十二個部位爲掛勾，置入不同的學習材料，掛勾置入的原則是由上而下、從左到右，以下以沈宜瑾小朋友的作品爲例（參見圖6）。

1. 頭頂：蘋果（想像以蘋果造型的髮夾夾頭髮。）
2. 眼睛：高麗菜（想像正使用高麗菜葉敷眼睛，冰冰涼涼的感覺。）
3. 鼻子：夾子（想像用夾子夾住鼻子，疼痛的感覺。）

4.嘴巴：鳳梨（想像鳳梨塞進嘴裡，刺刺的感覺。）

5.耳朵：魚（想像耳朵上帶著魚造型的耳環。）

6.脖子：橡皮擦（想像用橡皮擦做成一條項鍊。）

7.身體：襪子（想像身體的造型變成一隻襪子。）

8.腰部：手錶（想像腰帶變成一隻手錶。）

9.左手：笛子（想像左手拿著一隻笛子。）

10.右手：湯匙（想像右手拿著一隻湯匙。）

11.膝蓋：花（想像膝蓋出現花造型的護膝。）

12.腳底：香蕉（想像自己踩到香蕉皮，滑了一跤。）

圖6 身體掛勾法

（沈宜瑾小朋友繪製）

陸、配對聯想法

配對聯想法是以右腦的想像力作為起點，聯想的方式是兩兩配對的，可以透過相似性作為線索去聯想，以「郵票、貓咪」

電風扇　蜘蛛網
電風扇外面的鐵絲是用蜘蛛網做成的。

雪人　手榴彈
雪人的頭是用手榴彈做的。

鬍子　海苔
爺爺的鬍子像海苔。

直排輪　雞蛋
直排輪的輪子是雞蛋做的。

時鐘　腳
時鐘的指針是腳。

魚　繩子
魚的尾巴是繩子做的。

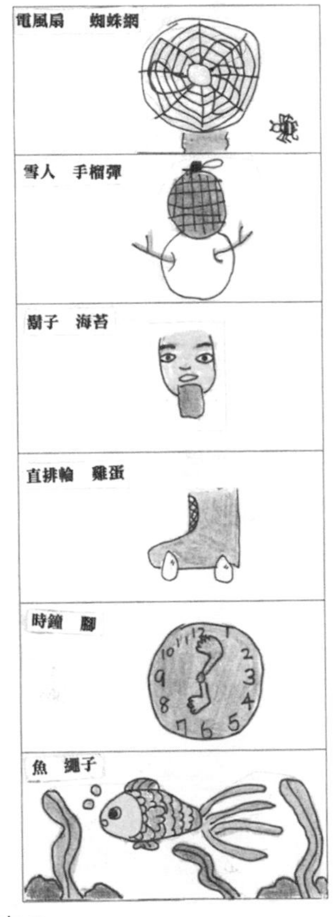

圖7　配對聯想法
（王思雅小朋友繪製）

爲例，可以從形狀相似聯想到「貓咪的身體是郵票做的」，也可以從功能相似聯想到「郵票上的圖樣是貓咪」，因爲兩者具有互動性，所以效果更甚於「貓咪的旁邊有郵票」的想法，所以**互動性的聯想**是配對聯想的要素之一，以下幾例可以作爲參考（參見圖 7）。

其次，誇張的筆調下更能引發強烈的注意力，瞧一瞧「電視追著小寶寶」（參見圖 8），實在是很有趣的畫面，還有「桌子的腳是冰塊做的」，仔細一看，桌子竟然已經融化了呢！

電視　小寶寶
電視追著小寶寶跑。

桌子　冰塊
桌子的腳是冰塊做的。

圖 8　配對聯想法

（王思雅小朋友繪製）

柒、首字縮寫法＋諧音法＋心像法

首字縮寫法是筆者時常應用的記憶策略，此一方法是先用左腦將所有的學習材料各自提取一個字，再將這些字做有意義的排列，串成一句話，再用右腦的心像法，將這一句話化為圖像，所以這是一個全腦開發的學習策略，適用於學習材料超過人類記憶廣度五至九個意元，因為他可以幫助你快速又有效的提取出所要記憶的學習材料。

還記得小時候所背誦的八國聯軍是哪八國嗎？雖然這是筆者二十年前所學的內容，不經複習，現在卻還是歷久彌新，因為老師當時教我們一個首字縮寫的記憶方式，是將俄國、德國、法國、美國、日本、奧國、義大利、英國各自提取一個關鍵字，再將這些字想成「餓的話，每日熬一鷹」，應該注意的是，部分字必須用到諧音，例如蘇俄的「俄」和肚子餓的「餓」等，配上腦海中呈現的圖像，記憶就鮮明無比了（參見圖9）。

筆者透過這樣的教學方式，教導國小四年級的學生，當時要背誦十個圖例，分別是公園、機場、郵局、學校、醫院、山峰、河流、加油站、港口、水庫，算是高難度的挑戰，許多同學用死記強背的方式，背到第九個時，就是會忘了第十個，而採用了「首字縮寫法＋諧音法＋心像法」之後，全班輕而易舉的記下這十個圖例。

餓的話每日熬一鷹
(俄德法美日奧義英)。

圖 9　首字縮寫法＋諧音法＋心像法

（鄭軒鵬小朋友繪製）

我們先將十個圖例名稱各提取出一個字，再將這些字重組成一句有意義的話，也就是「公雞遊學院，三家流口水」，其中許多字也用到諧音，例如機場的「機」轉換成公雞的「雞」、山峰的「山」轉換成三家的「三」等等，腦海中出現一個畫面：有一隻公雞到學院去遊玩，三戶人家很貧窮，好久沒吃雞肉了，所以看到公雞就流口水，於是「公雞遊學院，三家流口水」。其中公代表公園、雞代表機場、遊代表郵局、學代表學校、院代表醫院、三代表山峰、家代表加油站、流代表河流、口代表港口、水代表水庫（參見圖 10）。

◎圖 10　首字縮寫法＋諧音法＋心像法◎

（林維彥小朋友繪製）

四年級社會科提到中國古代的七種建築，包括寺廟、牌坊、祖厝、遺址、道觀、園林、水利設施，徐御唐小朋友透過「首字縮寫法＋諧音法＋心像法」，寫出「**四排足趾觀圓水**」，想出一個很有創意的畫面：有四排腳指頭（足趾）在觀看圓形的水，於是四代表寺廟、排代表牌坊、足代表祖厝、趾代表遺址、觀代表道觀、圓代表園林、水代表水利設施，並由鄭軒鵬小朋友繪製（參見圖 11）。

徐御唐小朋友在「認識我們的家鄉」此一社會科單元中，提到五種家鄉的現代建設，分別是醫院、百貨公司、郵局、公園、圖書館，他也採此一策略，想成「一百元就能遊公館」（公館是台北市一地名），亦即「**一百遊公館**」其中一代表醫院、百代表百貨公司、遊代表郵局、公代表公園、館代表圖書館。

◎圖 11　首字法縮寫＋諧音法＋心像法◎

（鄭軒鵬小朋友繪製）

筆者教導三年級自然科時，提到七種遇到空氣會變色的植物，分別是牛蒡、楊桃、馬鈴薯、山藥、茄子、香蕉、水蜜桃，我們全班合力透過首字法，先將各個植物名稱提取一個字，再將這些字用諧音法加以重組成「**牛羊馬要切香水**」，想像「牛羊馬在草原上發現一瓶香水，因為牠們覺得很好奇，想知道裡面裝什麼，為什麼香味四溢，所以決定拿刀子切一切，看一看裡面到底有什麼？」其中牛代表牛蒡、羊代表楊桃、馬代表馬鈴薯、要代表山藥、切（與茄音相似）代表茄子、香代表香蕉、水代表水梨（參見圖 12）。

◎圖 12　首字縮寫法＋諧音法＋心像法◎

（沈宜瑾小朋友繪製）

捌、心智繪圖

心智繪圖是筆者讀書時常用的一種方法，將其應用在作文上，取代傳統的條列式大綱（常雅珍，2003），成效亦十分良好，以頂溪國小三年級張琪小朋友的作品「我」爲例。

我的興趣是欣賞風景，美不勝收的風景令人流連忘返，我也喜歡運動，運動讓我身體強健，長得更高，

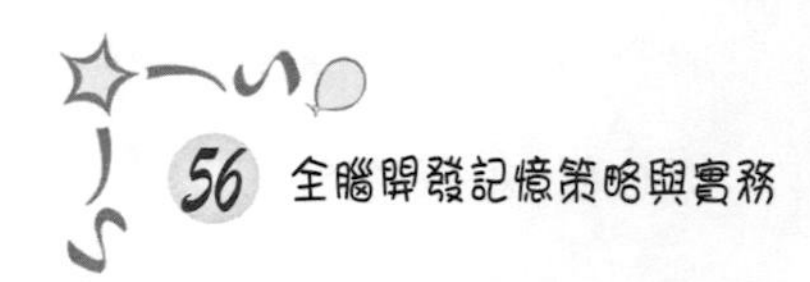

我還喜歡畫畫，畫畫可以讓我忘記煩惱。

我的家人有愛心哥哥、廚師媽媽和辛苦爸爸，愛心哥哥會主動幫忙做家事；廚師媽媽燒了一手好吃的菜；辛苦爸爸每天辛勤工作，爲了讓我們過更好的生活。

我的夢想是當英文老師或國語老師，我希望將來能學以致用，傳授小朋友知識，成爲有用的人，不辜負家人和師長對我的期望。

這篇文章若是以傳統條列方式列大綱，其形式如下：
第一段：我的興趣——欣賞風景、運動、畫畫。
第二段：愛心哥哥、廚師媽媽和辛苦爸爸。
第三段：我的夢想——當英文老師或國語老師。

然而，透過心智繪圖來列大綱，除了應用左腦的推理分析能力，又增加圖像視覺的效應，多采多姿的綱要，讓孩子按圖索驥，沈浸在多采多姿想像的世界中，如圖 13 所示，是不是讓傳統的作文學習，更增添趣味與活力的色彩呢？

心智繪圖雖然透過右腦的圖像、顏色及創造力來促進學習，但並非純粹右腦的產物，它也要左腦去分析判斷、去蕪存菁，才能將龐大的學習材料簡化，精緻化的存入大腦之中。

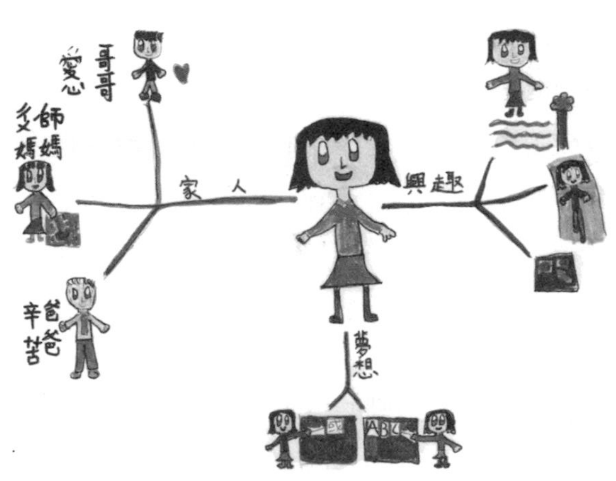

◎圖 13　心智繪圖◎

（本圖由張琪小朋友繪製）

心智繪圖的創始者 Tony Buzan 認爲傳統的條列式綱要不符合大腦的運作方式，透過心智繪圖放射性的環接和融合，才是符合大腦運作的方式。孫易新（2002）將製作心智繪圖應注意事項歸納爲下列幾點：

一、主題在中央：使用彩色的圖像作爲主題，可以吸引注意力，激發想像力。

二、色彩的使用：色彩可以激發創造力，豐富圖畫的生命力。

三、文字的使用：文字的使用盡量力求簡潔，以關鍵字爲主。

四、放射性的結構：順時針或逆時針的方式，可以依照個人的習慣而定。

心智繪圖的優點如下：

一、學習主題明確。

二、透過分枝遠近了解觀念相對的重要性，越靠近中心的觀點越重要。

三、具備整體架構，使人一目瞭然，擺脫傳統大綱的繁複形式，更便於記憶。

製作心智繪圖時，必備的工具有三，分別爲細字彩色筆、紙及立可白。因爲色彩有助於右腦的圖像記憶，所以作圖時最好用彩色筆，不同的分支用不同的色彩，記憶時畫面在腦海中更加鮮明；紙的選擇可以依照所做章節的範圍而定，章節越多的統整圖，則宜使用較大的紙張，至於立可白也是不可或缺的工具，因爲作圖時難免會寫錯字或畫錯，此時若是直接畫掉，會破壞畫面的品質，影響右腦的記憶，所以寫錯字或畫錯時，請用立可白塗掉。

心智繪圖的應用十分廣泛，舉凡個人演說、會議記錄或讀書記憶，均可發揮潛移默化、意想不到的效應，它可以幫助你發揮左右腦的功能，統整學習材料，讓記憶歷久彌新，影像鮮明。

玖、人名記憶法

在日常生活中，老師要記住學生的名字、業務員要記住客戶的名字，知道對方的名字，不僅能拉近彼此的距離，也可以增進人際關係。然而，你一定也有過相似的經驗，記得對方的長相，知道彼此認識，卻叫不出對方的名字，因爲右腦的圖像記憶是比較深刻的，左腦的姓名較難檢索，有時必須依賴情境，所以老師在教室裡能立即叫出學生的名字，在校外較容易發生**舌尖現象**，亦即認識學生，但是叫不出名字。

Higbee（2001）將人名記憶法大致分爲掌握姓名及意義、專注臉孔及聯結姓名、複習聯想等步驟，以下分別說明之：

一、掌握姓名及意義

當別人告訴我們姓名時，有時說話的音量太小或是周遭的噪音太大，常常會使我們聽不清楚，一知半解的情況下，又不好意思再問一次，然而未能掌握正確的姓名，未來叫不出對方的名字，感覺更加尷尬，因此記憶人名的先決條件在於掌握正確姓名，再遇到類似情況，也要提起勇氣仔細再問一次。

了解正確姓名之後，試著將對方的姓名轉化爲簡單的圖像。

例如：王→王子，信→信件，弘→臉紅

莊→抓，聞智→蚊子

毛→睫毛，秀→刺繡，菲→貴妃

二、專注臉孔及聯結姓名

雖然每個人都有五官，但是只要觀察力敏銳，就可以發現每一張臉都有不同之處，即使是雙胞胎，也會有些微的差異，

圖 14　人名記憶法

（鄭軒鵬小朋友繪製）

其中臉孔和髮型的變化性較小，可以列爲觀察的重點，其次是根據體型，而服裝因爲變動性高，所以並非觀察重點。

觀察時，可以注意臉型、眼睛、眉毛、額頭、鼻子、嘴唇、耳朵、顴骨及髮型的特徵，注意尋找不尋常、奇怪或獨特的特徵，找到特徵後試著將其與姓名聯結起來。

例如：莊聞智

莊→抓，聞智→蚊子

特徵→右臉頰有酒窩

聯想圖像→莊聞智用右臉頰的酒窩來抓蚊子（參見圖 14）。

例如：王信弘

王→王子，信→信件，弘→臉紅

特徵→戴黑邊眼鏡，皮膚白皙

聯想圖像→眼鏡王子收到情書信件，白皙的臉蛋立

◎圖 15　人名記憶法◎

（本圖由鄭軒鵬小朋友繪製）

刻變紅（參見圖 15）。

例如：毛秀菲

毛→睫毛，秀→刺繡，菲→貴妃

特徵：眼睫毛很長

聯想圖像→毛秀菲用長長的睫毛來刺繡，像一位貴妃（參見圖 16）。

◎圖 16　人名記憶法◎

（鄭軒鵬小朋友繪製）

拾、分類法

你可能有一種經驗，想找一樣東西，翻箱倒櫃遍尋不著，於是火冒三丈、苦惱不已，事後仔細回想起來，原因何在？就是因爲沒做好分類的工夫，若能將東西分門別類的放置好，要找起來自然輕鬆不少。

記憶也是一樣的道理，透過分類的方式，可以將許多複雜的材料精簡，最符合左腦的使用原則。以上街買菜爲例，如果想要購買十件東西，清單如下：雞肉、蘋果、香蕉、牛排、杏仁、荔枝、核桃、榴槤、豬肉、瓜子，可以先進一步將它們分爲三類，亦即水果類（蘋果、香蕉、荔枝、榴槤）、核果類（杏仁、核桃、瓜子）、肉類（雞肉、牛排、豬肉），記憶起來也會自在不少。

拾壹、神童星期幾記憶術

在新聞報導中，有些神童展現出不可思議的記憶能力，讓人嘖嘖稱奇，因爲他們可以回答出一年當中任何一天是星期幾，而且完全正確，屢試不爽，記者們無不津津樂道，小學中低年級的小小年紀，如何能將全年三百六十五天一一背誦，而且無一遺漏，簡直是記憶天才，做得到連大人都望塵莫及的事。

然而，神童的星期幾記憶術，Higbee（2001）多年前就已經在書中披露其要訣（郭曉蓉譯，2004），只要掌握十二組數字，你我也可以輕易成爲神算高手，以今年（2005 年）爲例，請先查出每一個月第一個星期天是幾號，並且運用記憶術記下來。

2（一月）	6（二月）	6（三月）
3（四月）	1（五月）	5（六月）
3（七月）	7（八月）	4（九月）
2（十月）	6（十一月）	4（十二月）

以上這些數字可以透過魔術數字記憶法來加以聯結：

有一隻天鵝（2），到外面去溜溜（66），看到一座山（3）一直跳舞（15），然後動作太劇烈而疝氣死（374），天鵝（2）認爲真是天大新聞（News 64）。

背好這些數字，你就可以練就隨問即答，屢試不爽的功力！

一、請問今年的教師節九月二十八日是星期幾？

解題技巧：先想一想九月的第一個星期天是 4 號，28 － 4 ＝ 24，一星期有七天，所以再將 24 ÷ 7 ＝ 3……3，所以是星期三。

二、請問今年的十月十日是星期幾？

解題技巧：先想一想十月的第一個星期天是 2 號，10 － 2 ＝ 8，一星期有七天，所以再將 8 ÷ 7 ＝ 1……1，所以是星期一。

5 第五章

讀書方法

每一門學科所採用的讀書方法，都有所不同，偏重的重心也不一樣，語文科偏重記憶，數理科著重理解，本節所介紹之讀書方法，主要針對陳述性記憶內容，將讀書步驟分列如下：

一、瀏覽

在學習之前，先瀏覽學習材料，可以對學習內容有整體的認識。

二、精讀及標示關鍵句

Higbee（2001）指出讀完每一個段落，要想一想重點是什麼，再回頭把關鍵句標示出來，才能發揮畫重點的功效，因為畫錯重點反而會干擾學習。

書中的大小標題、粗體字都是關鍵句的線索，林乾義和關爾嘉（2001）指出關鍵句不要超過30%，否則就失去目標功能，標示關鍵句宜恰到好處，標示太多，讓左腦負荷太重，影響學習效率；標示太少，左腦未能理解其意，效果一樣大打折扣。

三、做筆記

學習的類型可以大致分為三類，**視覺型**的學習者透過電影、錄影帶、幻燈片、教具等視覺影像的教材可以促進學習效果；**聽覺型**的學習者透過說故事或講述的方式可以促進學習；**感覺型**的學習者透過具體操作能促進學習，大多數的人都透過視覺、聽覺、感覺來學習，只是較偏重於某一型態。

以筆者而言，基於感覺型學習者的需要，實際動手做筆記，就是一個加深印象的方法，但做筆記並非全抄，而是將標題、粗體字集內容關鍵句摘錄下來，做筆記的同時，能使大腦更深入消化吸收學習材料和內容。

四、找出關鍵字

林乾義和關爾嘉（2001）指出關鍵字佔全文的比例不宜超過 3%至 5%，它是記憶整段文字最有效的方法，可以讓龐大的學習內容加以精簡，更符合左腦的使用原則。

五、善用記憶策略

找出關鍵字之後，將記憶廣度超過五至九串節的內容，透過第三章所強調的記憶策略加以精緻化，雖然要花時間將學習材料意義化、故事化、組織化及系統化，但是一旦精心設計後，記憶力將歷久彌新，可以促進學習效率。

六、心智繪圖

心智繪圖的方式，可以增進人類的後設記憶，讓學習更具整體性，筆者讀國中時，時常挑燈夜戰，參考書買五套，讀完歷史、地理後，拼命做參考書，有時母親進來關心，問筆者讀到些什麼？筆者卻瞠目結舌，不知從何說起，如今回想起來，過去的學習方式，著重機械性的死背強記，不知學習方法，以致耗時廢功做了一大堆參考書，其中許多已經會的題目練習了好幾遍，浪費了不少時間。

透過心智繪圖，可以減少此一弊病的發生，因爲它建立了後設記憶的機制，讓人主動去了解自己學到些什麼？初學心智繪圖者可能會心存懼怕，擔心自己不會畫畫或畫得不好，其實即使畫得不好也無所謂，因爲這張圖只給自己看，若不喜愛畫圖，也可以透過文字來建立心智繪圖。其次，初學者可以先繪製簡單的圖，一次將圖畫得太複雜，會使初學者感到眼花撩亂，回憶時更困難。

心智繪圖的使用，剛開始可能是一個章節繪一個圖，當學習告一段落，可以進一步將以往所繪的心智繪圖集結起來，繪成一幅新的心智繪圖，從新的圖中讓學習者更具備整體性的概念。

七、大腦存檔時間（散步）

電腦的存檔工作很重要，缺乏此一步驟，所有的心血都付諸流水，而電腦的存檔很快速，幾秒鐘完成。繪完心智繪圖，可開始大腦的存檔工作，大腦的存檔工作至少要花三十分鐘，攜帶的工具就是你在精讀、畫重點、做筆記、設計記憶策略後，精心做出的心智繪圖。

此時，或許圖書館已經閉館，明月皎潔，晚風輕送，散散步放鬆一下，走走操場，順便透過心智繪圖檢測一下你的學習成果，可以用**自問自答**的方式，自言自語，因爲**語言可以促進思考**，千萬別用默念或心裡想，以本書第三章記憶的理論爲例：

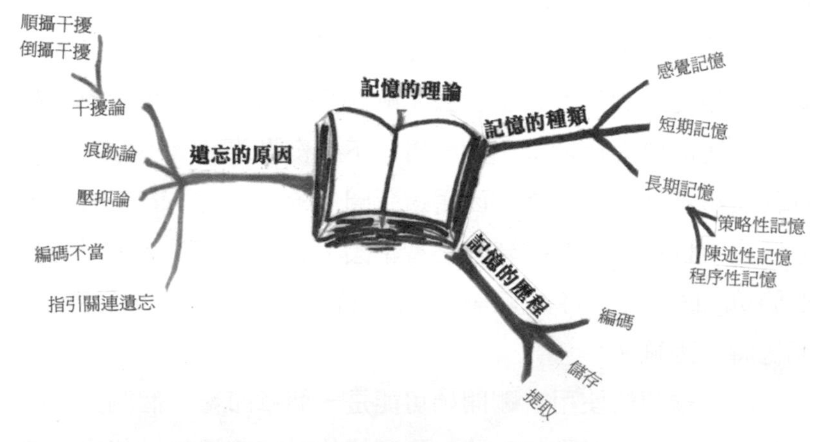

圖一　心智繪圖（參見彩圖 17）

從上圖中，第一個分枝說明**記憶的歷程，包括編碼、儲存、提取，第二個分枝說明，包括感覺記憶、短期記憶、長期記憶，其中長期記憶的內容可分為程序性記憶、陳述性記憶、策略性記憶，第三個分枝說明遺忘的原因，包括壓抑論、痕跡論、干擾論、編碼不當、指引關連遺忘，其中干擾論的干擾型態有順攝干擾及倒攝干擾兩種**。

八、複習

李鵬安（2004）提到複習是學習之母，複習不僅能鞏固記憶，而且在複習的過程中，可以幫助我們深入思考和理解，溫故知新，進而從中獲得新的領悟和體會。記憶術雖然可以幫助我們記得更牢，聯結更緊密，但是並非學起來就一勞永逸，還是要多加複習，才能避免遺忘。

李耀仁（2004）指出基本的複習法有下列四種：

一、當天的學習內容，當天找時間複習一次。

二、一週以內找時間做第二次複習。

三、一個月找時間做第三次複習。

四、在考試之前，做最後一次複習。

筆者個人在複習方面，採用行爲主義倡導的「**連續漸進法**」，也就是第一天讀完書本的第一章，做出第一章的心智繪圖，並且試著以自問自答的方式，說出學習內容，第二天的散步時間，並非只複誦第二天的心智繪圖，而是也要複習第一天的內容，如此作法，雖然辛苦，但是學到後面的學習材料，也不會忘記前面所學，因爲已經做到**經常性的複習**。

其次，在透過心智繪圖自問自答的複誦時間裡，你會發現自己某一個重點忘記了，一時想不起來，此時，別忘了**立刻用不同的顏色在圖上註記**，因爲你現在忘記的地方，正是需要再加強之處，標記下來，多讀幾次，下次就不會忘記。

面臨重大考試時，有人帶著數十本書氣喘如牛，有人帶著幾本筆記也不輕鬆，倘若你真正依照本書所採用的方法切實實施，**考前你該帶什麼呢？僅僅是幾張心智繪圖就夠了**，因爲圖中的千言萬語，都已經存在你神奇的大腦中，考前的複習工作，只要再一次看圖說話，將所標記的遺忘處再看一遍，相信就會有理想的表現了。根據筆者的經驗，這套方法應用在申論題的考試方面無往不利，希望聰明的你，不只是看看而已，請付出具體的行動吧！祝福你在考場中一切順心，金榜題名！

第六章

問題解決

汽車師傅要找到車子的毛病所在才能修好汽車；醫生要知道病人的病因才能開處方；老師要了解學生學習低落的原因才能找到因應；電腦維修員要了解電腦的問題何在，才能加以修復，可見各行各業都需要解決問題，甚至很多職業是以解決問題爲導向。在科技一日千里，不斷的突破與創新，政治經濟環境瞬息萬變，傳統的社會結構正面臨轉型的時刻，要因應多樣化的社會，不僅應具備足夠的知識，更應培養解決問題的能力與方法，才能適應變遷中的社會。

問題的形式千奇百怪，可大可小，首先，讓我們看一看可能會發生在你周遭的問題：

> 我要怎樣才能通過數學考試？
> 我家小狗走失了，該如何把牠找回來？
> 中正紀念堂該怎麼走？
> 想從家裡到飛機場去搭飛機，該怎麼去呢？

從以上的問題，可以找到兩個共通點：第一，它們都有共同的目標；第二，他們都因爲缺乏訊息來源而受到阻礙。張春興（1994）將這些「問題情境」，歸納爲「個人覺察到一種有目的卻不知如何達成的心理狀態」。Glaser 認爲所謂的「問題解決」就是在「找出達成特定目標的途徑與方法」（Sullivan, 1991）。

遇到問題時，透過連續性（continual）及改變性（change）

的歷程，可以幫助我們解決其他類似的問題情境，然而，並非所有的問題都有相似性，所以專家認爲問題的差異，在於能提供解題者的結構性有多少（Hayes, 1988）。

壹、問題結構

澄清問題的有效方法，在於了解問題的結構，表一的矩陣以象限說明不同結構的問題（Bruning, 1995）。

表一　問題的結構

		特殊問題	
		定義良好	定義不良
特殊解答	定義良好	第一象限	第三象限
	定義不良	第二象限	第四象限

第一象限的問題和解答都很清楚，此種問題會提供解題者四種不同的訊息：問題的初始狀態、問題的目標、操作事件、操作的限制，以下舉例說明（Kahney, 1993）。

如圖二所示，有三個不同大小的環，小環（SSS）、中環（MMMMM）、大環（LLLLLLL）在A柱上，你的工作任務是要以最少的移動次數把A柱中所有的環移到B柱上，移動時要

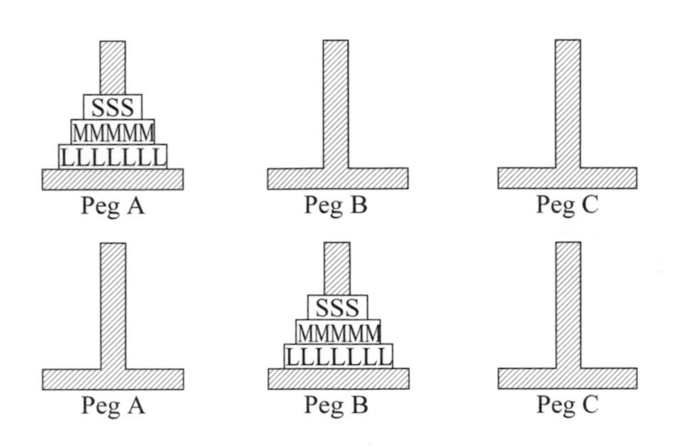

◎圖二　漢諾塔難題◎
（引自 Hank Kahney, 1993, p17）

遵守以下的限制：⑴每次只能移動一個環；⑵任何兩個環相接觸的時候，必須保持小者在上，大者在下的順序關係；⑶解題者只能把環放在三柱之一，不能放在桌子上。

所以得到的訊息是：

一、問題的初始狀態：有A、B、C三個大小不同的環放在A柱上，B和C柱上都是空的，順序排列上由左而右是A、B、C。

二、問題的目標：把三個大小不同的環放在B柱上，大環在下，中環置中、小環在上。

三、操作事件：定義爲問題中可以被操弄而獲致解答的物件或概念。在問題中只提到一個操作事件，就是解題者可以將環從一柱移到另一柱。

四、操作的限制：⑴每次只能移動一個環；⑵任何兩個環相接觸的時候，必須保持小者在上，大者在下的順序關係；⑶解題者只能把環放在三柱之一，不能放在桌子上。

由以上定義清楚的問題，可以得到定義清楚的解答如下：

1. 將 S 環由 A 移到 B。
2. 將 M 環由 A 移到 C。
3. 將 S 環由 B 移到 C。
4. 將 L 環由 A 移到 B。
5. 將 S 環由 C 移到 A。
6. 將 M 環由 C 移到 B。
7. 將 S 環由 A 移到 B。

因爲定義完備，所以第一象限的問題可以找到明確的解答，如同漢諾塔難題，第二象限是問題定義良好，但解答定義不良（例如：以你的立場，你同意將核廢料掩埋在國內嗎？），這樣的問題所得到的解答因人而異，第三象限是問題定義不良，解答定義良好的問題（例如，好學生應該寫功課嗎？），最有問題的是第四象限，問題定義不良，解答定義也不良，許多日常生活所面臨的問題多爲此種，所以很難找到普遍令人滿意的答案，必須透過參與者協調折衷來解決（例如，如何管教好子女？）。

貳、問題表徵

了解問題的結構，接下來看問題表徵的意義，問題表徵是解題者面對問題時，在腦海中形成一些與問題情境中所描述的物體相對應的關係（Hayes, 1989），Kaplan 和 Simon（1990）指出問題表徵正如黑暗中的明燈，幫助我們尋得要找的答案。表徵不僅涉及表徵世界的層面，也會透過涉及各種不同的形式（語文、圖形或動作）來表徵，以下舉例說明。

範例一

如圖三所示，有一個六十四格的棋盤方格，其中有兩格被移動，假如你有三十一個骨牌，每一張骨牌覆蓋黑白兩個方格子，你可以想出辦法讓六十二個格子被三十一個骨牌覆蓋嗎？

範例二

假如你是一個媒人，你的工作是要將三十二個男人及三十二個女人配對，讓他們在星期六舉行婚禮，不幸的是有兩個男人爭風吃醋，自相殘殺而身亡，那麼其他六十二人仍能在星期六配對好舉行婚禮嗎？

假如你不能立即解答棋盤問題，你可以運用媒人問題爲基礎來解答，棋盤中黑白兩色相間，黑色方格代表男生，白色方

◎圖三　問題範例◎

（引自 Hank Kahney, 1993, p35）

格就代表女生，一張骨牌覆蓋黑白兩個方格，正如媒人撮合男女雙方成對，在棋盤中有兩個黑格被移走，正如兩個互砍的男人，此種方式即以語文對應來表徵問題的答案立即呼之欲出。答案是六十二個格子不能被三十一個骨牌覆蓋。

由此可見，問題表徵對問題解決是否成功可說是最重要的關鍵，人們有各種不同的方式來形成一個好的問題表徵。為了更了解問題表徵的意義，Newell和Simon（1972）引進問題空間的概念，認為問題的初始狀態和目標之間有許多解題路徑，這些路徑所形成的空間就是問題空間，解題者對問題表徵的精確性，決定問題空間的大小，如果解題者一開始能精確地表徵問題，縮小解題空間的範圍，則較容易獲致解題方法；反之，若形成的解題空間很大，解題路徑過多甚至不包括正確解答時，便很難找到正確解答。

問題表徵有兩種方式：第一、問題的內在表徵是解題者針對外在問題的特徵，在腦海中形成問題的看法，由於相同的問題，不同的人會有不同的看法，因此所形成的內在表徵也不相同。第二、問題的外在表徵是指解題者將問題的內在表徵外在化，以圖示、繪圖、問題故事化等具體化方式來呈現問題，其問題在紙上表徵具有重要性，其原因有二：一是短期記憶運作繁重，若能以外在表徵，可以降低記憶訊息的處理量，有利於我們確認問題；二是視覺表徵有助於我們保持解答的軌跡更清晰的加以推理。

問題表徵雖然在解決問題的一開始即以形成，但在解題過程中卻是不斷在修正與改變，所以問題表徵的建構是一種精緻化（elaborative）的過程。亦即解題者從問題的陳述中獲得一些訊息，接著將這些訊息和他對問題情境的推論及記憶中的相關訊息加以整合，直到表徵足以解題爲止，例如寫作時，剛開始所形成的表徵是基於主題及寫作相關訊息來建構，隨著寫作過程的不斷進行，每次獲得新觀念再整合於原有的表徵（Hayes, 1980）。

在解題過程中，表徵的改變也有助於解決問題，因此，Hayes（1989）進一步建議，當問題有困難時，改變對問題的表徵是很有幫助的，這時候可以進一步檢驗問題的四部分：起始狀態、目標、操作事件及操作的限制，刪除誤增的訊息，或添加一些必要的訊息，或重組組織問題中的訊息，對表徵的改進都很有幫助。例如：有九個排成方陣形的點，試以一筆貫穿方陣中的九個點。欲解決此問題時，許多人會誤增了所畫的直線不能超出方格的操作規限（如圖四左），而找不到解答，因此，如果再檢視四部分，刪除誤增的規限後，就可以獲得解答（羅素貞，1996）。

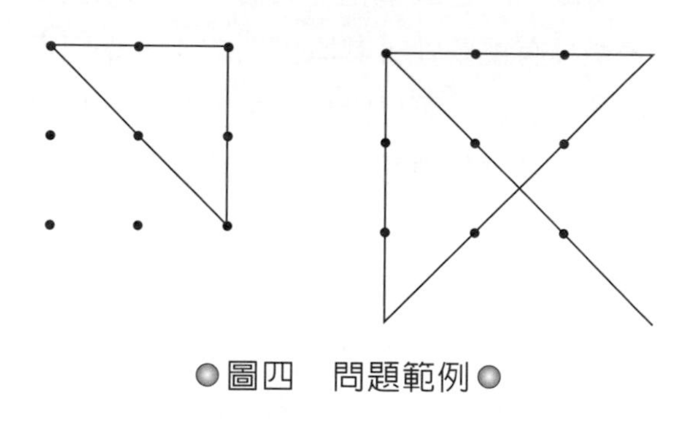

圖四　問題範例

參、問題解決的發展歷程

問題解決在二十世紀初，便引起心理學家和教育家的興趣，以下分別就行為主義學派、完形心理學及認知心理學對問題解決的看法加以說明。

一、行爲主義學派

美國心理學家桑代克（Thorndike, 1911）歸納對貓所做的「迷籠」（puzzlebox）實驗，提出運用「嘗試錯誤」來解決問題的看法。

實驗的主角是一隻飢餓的貓，牠在籠內垂涎欲滴，因爲籠外就有美食，可惜籠門是關閉的，所以貓只能衝動的胡闖亂撞，在一次偶然的機會，用前爪觸動了開門的機關，使籠門自動開啓，此後重複的情境發生時，發現貓胡闖亂撞的頻率減少了，踏到開門機關的動作逐漸增多，最後終於爐火純青，學到一進籠就能開門出外取食的境界。

將此實驗引用於人類身上，可以知道在解決問題的過程中，個體會不斷表現出許多嘗試的動作，直到正確的反應出現爲止。

二、完形心理學

完形心理學家柯勒（Kohler, 1925）根據黑猩猩的學習行爲做實驗，發現黑猩猩在遇到問題時，並不如桑代克所言經過嘗試及錯誤的過程，而是洞察整體情境，找出有利的條件來採取行動，柯勒稱此種學習模式爲頓悟（insight）。

柯勒最著名的「接桿實驗」，是將飢餓的黑猩猩關在籠中，籠外的遠處放置香蕉，並在籠中放置長短不一的木桿，但是每一根木桿的長度都不夠，所以無法單獨取得香蕉，當黑猩猩面臨如此的問題情境時，牠幾次嘗試用一根木桿來取香蕉都失敗之後，牠若有所思，忽然露出領悟的神情，把兩根木桿連接在一起，結果就如願以償的大快朵頤。

完形心理學家以爲頓悟是解決問題的模式，那麼無法解決問題的原因何在？完形心理學家杜克（Duncker, 1945）以「蠟燭問題」的實驗來說明「功能固著」（functional fixedness），亦即在許多問題情境中，需要利用現成的材料或工具來輔助，但是個人時常又因工具固定用途的觀念不易突破，而使可能解出的問題無法解決。

杜克的實驗爲給兩組受試者相同的材料（蠟燭、紙盒、大頭釘、火柴），其中有一組的火柴置於盒內，另一組的火柴與盒子分開，實驗要求兩組受試者將蠟燭像壁燈一樣固定在木門上，即用大頭釘將紙盒釘在木門上，再把蠟燭放在紙盒上，將紙盒當作臺架（見圖五）。火柴放在盒子裡和火柴與盒子分開，這只是一個小小的差異，但是結果發現火柴和盒子分開的那一組，很快就解決問題。

爲什麼會是如此的結果呢？因爲拿到空盒的那一組將空盒當作有用的工具，火柴放在盒子裡的一組，卻以爲盒子只是用來裝火柴的，而忽略了它的其他用途，此一想法即是受到「功能固著」的影響，可見既有的知識也會限制了思考，進而妨礙問題的解決。

柯勒採取完形心理學的觀點，來解釋頓悟學習，認爲不須靠練習或經驗，只要能理解到整個情境中各刺激的關係，頓悟就會自然發生。此點引發許多爭議，Lockhart、Lamon 和 Gick

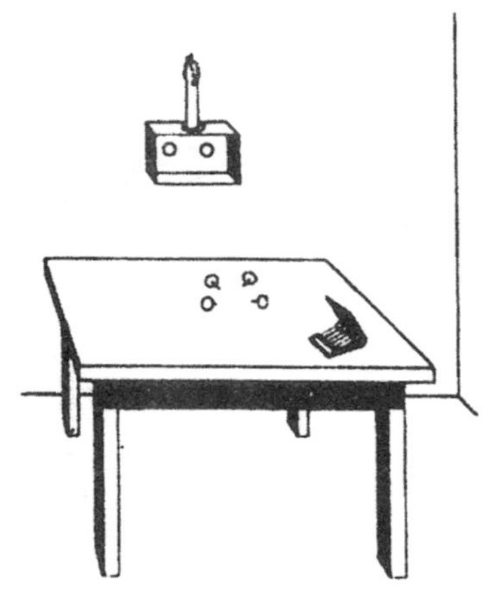

●圖五 蠟燭問題（答案）●

（引自 Worchel & Scheliske, 1989）

（1988）以一個問題來探討頓悟的議題。

在一個小鎮上，有一個男士為同一鎮上的二十位不同的婦女舉行結婚典禮，而且所有的婦女都還活著，她們也都未離婚，你認為這個男士是誰？

此題一出，諸如愛情騙子或重婚者等答案盡出，然而最後的解答卻是「牧師」，根據完形心理學的觀點，受試者無法解決問題是囿於固著的觀念，因而無法突破僵局。但是 Lockhart 等人的研究中發現，即使事先暗示「牧師主持過很多場婚禮」，還是無法有效的促進頓悟（陳雪麗，1993）。

類似的研究 Ellen（1982），Weisberg 和 Alba（1981）等亦發現提供推理的解題線索後，觸動頓悟功能的效果亦相當有限，原因可能是受試者無法與先前的經驗相聯結或提供的暗示訊息與解題無關，所以有限的暗示訊息應該與解題者的思考方向相結合（陳雪麗，1993）。

三、認知心理學

行爲主義學派注重「教學操弄」及「結果表現」，而忽略對於整個學習歷程的了解，認知心理學的觀點，除了兼顧上述教學操弄及結果表現之外，並重視內在學習歷程的研究。

爲了解解題者內在的解題歷程，認知心理學者發展出四種方法，將內隱的解題歷程外在化。

㈠實驗設計

研究者傾向於運用實驗的方法來回答有興趣的問題，實驗研究可以採取許多不同的形式，實驗者主要在考驗實驗假設中自變項和依變項之間的關係，所以通常要操縱自變項，控制無關變項，以觀察其對依變項的影響。實驗方法主要提供精確的實作程序及不同狀況的比較，例如在一般小學裡，利用啓發式教學法或編序式教學法，何者較好？此種問題通常透過有效的實驗設計予以探討，並在實驗後獲得支持的證據，方有利於實施（林清山，1992）。

㈡放聲思考法

放聲思考法就是將受試者個人內在無聲的思考用口語表達。亦即受試者在思考的歷程中，將心中所想的內容表達出來。

放聲思考的實施步驟如下（曾陳密桃，1990）：

1. 給予一般性的指示或比較特定而擴散之問題：一般性的問題可能是：「在你上課之前，你在想些什麼？」比較特定而擴散的問題是：「在上課的過程中，難以解決的問題是什麼？」
2. 錄音或錄影：將放聲思考的過程錄音或錄影，將有助於進一步的批判及反思。
3. 謄寫所有錄音或錄影的資料：研究者將所有非口語的資料，例如：停頓、動作及情境加以謄寫，最後寫成口語草稿（protocols）。
4. 口語草稿分析（protocols analysis）：研究者將蒐集的語音及影像資料，忠實的轉錄成文字資料，加以細部分析，以便進行歸納，但由於「口語草稿」中的許多資料是不相關的，所以只有符合分類項目的資料才被接受。
5. 確認認知活動：當所有的類別資料都建立好之後，接著檢查不同組別解題者的反應，以了解其認知活動的歷程。

放聲思考的優點有四，分別敘述如下（吳和堂，1995）：

1. 因爲蒐集的資料與思考同步，時間上不允許解題者多做思考，所以涉及的資料僅是短期記憶的內容。

2. 思考行為和口語報告同步，可以減少記憶負荷，避免解題者運用回憶的空間找理由，因而降低理由化的需要。
3. 解題者易於回應，所以在研究過程中較願意配合。
4. 放聲思考可以促進理解表現的效果，不會扭曲認知歷程即已建構的資料。

放聲思考雖有助於資料的豐富，卻仍有其限制：

1. 當個人在認知過程自動化時，其未報告出來的，並不意味著沒有這些歷程。
2. 對幼童及語言表達能力低者，可能不易實施（曾陳密桃，1990）
3. 不同的人員在放聲思考中所給予的引導線索，可能會影響受試者的思路及口語化內容。

㈢手段—目的分析（means-ends analysis）

是指解題者採取一系列可以個別評估的具體步驟，嘗試縮短目標和當前情況的差異。其中包含下列三個步驟：⑴找出目標和當前階段的差異；⑵在此差異中選擇有利的方式，亦即操作事件；⑶在進行「操作事件」之前，先評估其可能成功的可能性（Brunning, 1995）。例如我要從學校回家，其中的「距離」就是目標和當前階段的差異，嘗試去縮短差異的方法就是「操作事件」（operators），「操作事件」可能包括騎車、坐捷運、搭火車或是走路，其中「走路」對我來說，可能距離太遠又不方便；「騎車」又缺乏交通工具；「搭火車」必須先坐車到車站再轉搭火車，似乎很麻煩，所以「坐捷運」是較便利的選擇。但是捷運站並非設在學校門口，所以應如何到達捷運站呢？這就是一個次目標，同樣的，縮短學校和捷運站距離的方法就是「操作事件」，此時可以考慮先「走路」或「坐計程車」，因爲學校和捷運站距離很近，所以「走路」是可行的方法，所以我要從學校回家，可以先「走路」到捷運站，再「坐捷運」回家，由上述的舉例，可以發現手段—目的分析可以涉及許多循環（cycles），每個循環都著重在有差異的目標上。

從以上各家對問題解決的看法，可知屬於邏輯推理的問題有固定步驟，屬於定程思考性質，突如其來的事件則較易引發頓悟的產生。

肆、解決問題的過程模式

Glass 和 Holyoak（1979）提出一個四個步驟的解決問題過程流程圖，認爲解決問題的第一步驟是將問題中所呈現的訊息條列出來或畫出簡圖（即初始表徵）。第二步驟涉及操作（有關的定理、原則或公式）以嘗試建構出解答的計畫。如果第二步驟不能奏效，則改變另一種方法重新表徵問題，亦即第三步驟，當重新表徵又不能成功，解題者可能陷入膠著狀態，此時最好稍作休息再回到前一步驟。相反的，若在第二步驟就產生一個可行的議題，則接下來要將此解題計畫付諸實行（引自羅素貞，1996）。

史丹佛大學教授坡爾亞（張憶壽譯，1978）提倡問題解決的教學活動，提出一般的解決步驟有四：了解問題、想出計畫、執行計畫及回顧。杜威（Deway, 1910）提出五步驟的問題解決模式，其步驟依序如下：第一步驟是問題提出（presentation of the problem），即對問題產生困惑、懷疑的狀態；第二步驟是重新定義問題（problem definition），嘗試從問題情境中辨識出問題；第三步驟是發展出合理的假設（development of hypothese），亦即運用認知結構，從問題情境中找出各種解決的方法；第四步驟是假設的考驗（testing hypotheses），對假設做出檢驗，並且對問題再作明確的闡述；第五步驟是選擇最佳假設（selection of the best hypotheses），就是將成功經驗應用在相關的問題情境上。

史東瓦特（Stonewater）將問題解決分爲兩階段八策略（張玉成，1993）：

一、準備階段

㈠區辨有關與無關資訊或資料，視覺想像問題，並細部分析問題解決的環節。

㈡作圖分析問題。

㈢組織歸納手邊資料。

二、執行階段

㈣下游問題策略：找出與問題解決有關需事先了解的事項，並排出順序（此即下游問題）。

㈤克服下游問題：發展出一套方法先行解決上述下游問題。

㈥對立策略：提出與求證相反的假定，據以考驗已知內涵的真確性。

㈦推論：由已知推向未知。

㈧導果為因或由果溯因：即由問題欲獲解決所需條件之了解推敲，而不由有限的已知做起。

里斯夫和庫克（Slife & Cook）認為解決問題有五步驟的程序：

第一步驟是認清問題。解決問題者必須認知存在的問題，並注意問題的性質和特點。

第二步驟是分析問題。解題者必須蒐集必要的資訊，弄清因果關係，所以一、二步驟重在耐心思考，仔細分析。

第三步驟是要多方考慮可供選擇的不同答案，解題者不要過早限制選擇。

第四步驟是選定最佳答案。解題者將前一階段所得的多種解答審慎選擇，找出最適合的方法，三、四階段的核心是「不怕失敗」，唯有不怕失敗才能一一檢核適用的方法。

第五步驟是評價結果。結果的正確或錯誤都是學習的機會，可以幫助自己下一次更成功的解題。

綜合以上各種解決模式，可解決問題模式不外乎以下步驟（唐偉成，1998）：

一、表徵問題。

二、計畫解題。

三、執行計畫。

四、獲得解答。

五、評估解答。

伍、專家和生手的差異

許多研究指出，一般人的問題解決能力取決於兩個因素，一是個人所能支配特殊領域知識的多寡，二是曾經處理過此類問題經驗的多寡。一個人需要多久的時間才能發展爲一個專家？研究者估計大約要五年或一萬小時的實際經驗，甚至更久的時間，但是與其智力性向並無關連（Brunning, 1995）。

專家比生手更能有效的解決問題，是因爲專家有以下所述的六項特點：

一、專家僅在其所精熟的領域是最好的

汽車拋錨時，我們會嘗試找出問題所在，若還是無法發動，

也不會自己動手修理，而是求助於汽車修理廠的專家；久病不癒時，我們不會坐視不顧，而會去找專業醫師的幫助。分工日益精細的社會，正是「隔行如隔山」的寫照，所以專家僅在其所精熟的領域是最好的，不可能面面俱到，因爲專家的訓練需要知識與經驗的累積，並非一蹴可幾。

二、專家的訊息處理是大單位的，組織及串節訊息時更具效率

Chase 和 Simon（1973）對下棋專家與生手做研究，實驗方式是對受試呈現兩種不同的棋盤：隨機棋盤及實際發生的棋盤，請他們看過棋盤後，在另一個空的棋盤上再製剛才所看過的棋盤。結果發現：在實際棋盤中，專家可在原來的二十四個棋子中複製十六個棋子的位置，而生手只有四個；但是在隨機棋盤中，專家和生手並沒有差異。

Chase和Simon的結論是，專家在實際棋盤中之所以能正確回憶較多棋子，並非因記憶容量大於生手，而是因爲領域知識不同。一般人的記憶廣度約五至九個記憶串節，但是下棋專家擁有大量棋子位置的知識，也就是能把幾個棋子所形成的組型看成一個有意義的串節，因此由二十四個棋子所組成的實際棋盤，對專家來說可能只是三至四個有意義串節。然而，在隨機棋盤中，由於棋子的位置不是有意義的組型，因此專家和生手都停留在以個別的棋子爲記憶串節的狀態下，因此差異不大（羅素貞，1996）。

由此可見，專家先前的知識較多、較佳也較豐富，因此專家兼具充裕的陳述性知識及程序性知識，生手則傾向爲零碎性的陳述性知識。

三、專家在處理有意義的訊息時比生手快速，是因爲問題搜尋及表徵上更有效率

如果你看過數學專家解題，你可以看出專家很容易找出切題的訊息或合適的策略，因爲專家已處理過成千上萬的問題，對於相似的問題就能不費力的找到合適的策略。

Chi 及其同事（Feltovich & Glaser, 1981; Chi, Glaser & Rees, 1982）對物理學的專家及生手做一連串的研究，他要求專家及生手分別解決物理方面的問題，在其解決問題的同時，進行口語記錄其思維，並根據其解決方式加以分類，由表二可得知其部分實驗結果。

表二　專家與生手在解決物理題目放聲思考的口語內容

口語內容	生手	專家
抽象物理原則	9%	30%
與問題特質有關	33%	35%
非抽象物理原則	40%	28%
與問題特質無關	18%	7%

（取自 Chi, Glaser & Rees, 1982）

由表中可知專家在解決其專業問題時，經常傾向運用學科知識中抽象的原理原則作爲解決問題思考的基礎。相反的，生手卻傾向探索一些與實際無關的線索，特別是僅就問題的表面陳述進行思考，忽略問題內容所蘊含的學科深度知識（鄭晉昌，1993），所以在問題解決上，不能切中要點而缺乏效率。

四、專家在短期記憶及長期記憶中存在更多訊息，以便使其思考和行動更加自動化

專家較生手在短期記憶上擁有更多訊息，同時在訊息中屬於其專業領域的方面可以記得更多。Chase和Ericson（1982）的實驗中訓練一位賽跑專家成爲記憶高手，之所以能成爲記憶高手，是因爲在他已熟知的賽跑中，找出有意義的數字型態來組合成實驗中呈現的數字，因此賽跑專家對於新進聽到的數字，可保留並重複回憶八十個數字。經過一星期後，仍能辨識 80% 到 90%的數字，可見專家在其專業領域有較好的長期記憶（岳修平譯，1998）。

短期記憶及長期記憶的優勢，有利於他們將小單元的記憶訊息組織成單元的記憶串節，對解決問題更有助益。

五、專家能注意到問題重要的深層結構並加以表徵，解決問題時傾向「順向解題」策略

Schoenfeld, A. H.（1994）請數學專家（大學數學教授）與生手（大學生）對三十二個數學題目加以分類，結果發現專家

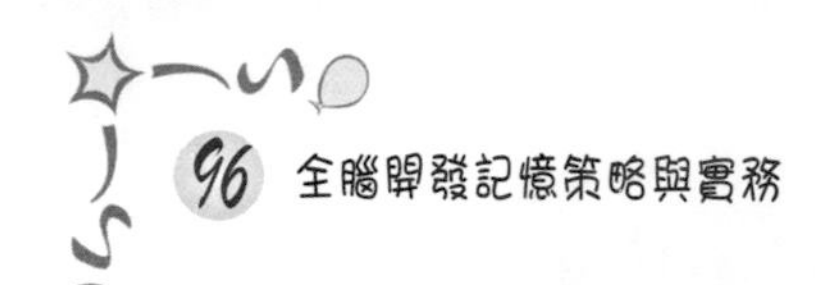

大多根據題目的深層結構（例如，數學定律）而分類，生手則是根據題目的表層特徵（例如，作圖、多項式）來分類（羅素貞，1996）。

Hardiman、Dufresne 和 Mestre（1989）在其實驗中，將受試者分為三個組群，除了專家組之外，還將生手分為問題處理較強組及問題處理較弱組，實驗中要求他們辨識兩兩物理概念間相似的程度，最後發現專家的思維傾向「深度結構」，一個善於解決問題的生手的認知結構也近於專家，可見「深度結構」是有效解決問題的充分條件。

Lakin（1980）研究物理學家和生手在解題時的差異，發現專家在解題時傾向於「順向解題」（forwards），即從已知到目標，將已知的狀況引入適當的公式，便可求得答案；相反的，生手卻是傾向「倒向解題」（backwards），也就是隨機找尋答案的方程式，直到找到答案為止（林清山，1992；Mayer, 1987）。「手段—目的分析」是生手面對任何學科時常採用的策略，因為它可以縮小記憶庫中的搜尋範圍，逐步找到目標，而專家較少採用此種方法，因為專家已熟悉導向目標的解題技巧及途徑，較不會迷路（王春展，1997）。

六、專家能在專精領域的情境有較佳的監控表現，以利於問題的正確判斷，並提出切中要點的疑問

王春展（1997）從基模、知識組織、問題表徵和解題策略

等四項要點歸納及分析專家與生手間的差異，其差異如表三：

◎表三　專家與生手問題解決能力的差異比較表◎

	專　家	生　手
基模	1. 先前知識的質量較佳且豐富。 2. 相關解題經驗較佳且豐富。	1. 先前的知識質量較差且少。 2. 相關解題經驗較差且欠缺。
知識組織	1. 系統性的組織及統整知識。 2. 活用短期記憶及長期記憶機制。 3. 有系統結構的大單元串連記憶策略。	1. 缺乏系統性的零碎知識。 2. 欠缺有效經濟的記憶技巧。 3. 欠缺統整組織的零散訊息記憶。
問題表徵	1. 問題表徵能力較佳。 2. 重視問題的深層結構意義，能理解問題的重心。 3. 合適的問題知覺和分類。 4. 有效合適的解題問題空間。 5. 兼用陳述性及程序性知識。	1. 問題表徵能力較差。 2. 傾向問題的表面結構意義，不能找出問題的重心。 3. 問題知覺與分類容易出錯。 4. 問題空間較易出錯與無效。 5. 缺乏有效的程序性知識。
解題策略	1. 能選用適當的解題方法。 2. 進行有效的解題計畫。 3. 傾向使用順向解題策略。 4. 後設認知及類比推理能力較佳，有利解題。 5. 解決問題的效率較佳。	1. 不容易找出適當的解題方法。 2. 隨機找尋答案及解題方法。 3. 傾向使用倒向解題策略。 4. 後設認知、類比推理等能力欠缺，不易解題。 5. 解決問題的效率欠佳。

（引自王春展，1997）

陸、解決問題在教育上的啟示

人生的旅程中，充滿著無數的問題與挑戰，因此解決問題能力的培養乃是當務之急，我們不僅要能解決問題，更應進一步來預測問題、未雨綢繆、當機立斷，讓問題從小處著手，防患於未然。

從上述的說明，可將問題解決的建議歸納如下：

一、發展由生手成專家的策略：綜合一些學者的研究，可以歸納出一些發展生手為專家的策略（林清山，1992；鄭昭明，1992；王春展；1997；Mayer, 1987）：

㈠提供豐富的知識基礎訓練：學生要培養問題解決技巧之前，首先需要豐富的基本原則及事實知識，作為解決問題的先前知識及基模基礎。Schoenfeld（1989）在其有關數學的實驗中發現生手經過問題解決課程的訓練後，更易採取專家的問題結構認知、分類及表徵，其解決能力有顯著的進步；Shavelson（1972）在其物理學實驗研究中，也發現受過訓練的學生，其認知結構與專家差異漸減，可見問題解決訓練的具體成效（林清山，1992），由此可見，專家知識在問題解決上扮演重要的角色，幫助學生獲得專家知識就有利學生學習。

㈡教導成分技能：問題解決可以被分割成個別的表徵策略和解決策略，並可以用來教學生（林清山，1992）。也就是說，對不同的問題情境，有不同的表徵策略和解決策略，將問題所需的心智技能分為若干較小的技能，以便教學生循序漸進的學習。

㈢學習有效且系統性的記憶策略：專家能活用短期記憶及長期記憶機制，生手卻只有零碎片面的知識，因此在生手成專家的歷程中，也應學習更有結構性的記憶策略，諸如複誦策略及精緻化策略，使問題更有效率的解決。

㈣產生特定的學習遷移：官能心理學認為學習可以一般遷移，然而，在不同的領域要產生一般遷移確有困難，畢竟術業有專攻，難以樣樣精通，精熟於彈琴者未必也能說出一口流利的英文，可見學習應為特定遷移，即要想幫助學生成為特定領域的專家，應設計該領域解決問題或專業養成計畫，並提供類似情境，以透過學習遷移幫助學習。

㈤注重歷程而非結果：透過「放聲思考」、「手段—目的分析」等方式，可以幫助學生了解學習的歷程，從實作經驗中體會解題策略，逐步學習解題訣竅及技巧，即使失敗也是學習的機會，重要的是能否從中體會問題的所在，因此學習應重視歷程而非結果。

㈥提供楷模與範例：班度拉的社會學習論強調「楷模」學習的重要性，透過專家提供的楷模示範，讓學習者模仿專家的解題策略，將促使學習者有效獲取專家日積月累的經驗，增進學習者的自我效能。

二、使用外在表徵，增進解題效率：人類的記憶串節約在五到九個串節之間，可見短期記憶的容量有限，為超越此一限制，可以用圖示、實作或紙筆方式等外在表徵加以輔助，讓解題更有效率。

三、培養隨機應變的能力，鼓勵多重思考，以免「功能固著」及「習慣僵化」：在日常生活中，我們會遇到許多突如其來的事情，倘若能養成隨機應變的能力，問題或許很容易能迎刃而解。

四、教育者應提供思考性的問題：能啓發學生思考、統整與分析的題目將有助於學生提升問題解決的能力，一味的背誦與記憶，反而容易使學生流於思考僵化，所以開放性的問題優於封閉性的問題，例如老師可以用「竿影如何移動？」的問題來取代「竿影到了中午時，是不是會變短？」

五、教育者應提供合適的情境：情境學習肯定杜威「從做中學」的觀點，認爲真實情境的演練將有助於一個人對知識的理解，以電腦的使用爲例，其複雜的說明書對我們助益不大，但是透過實際操作，便能很快的進入狀況。

六、發現問題是解題的關鍵：一個好的發現問題者，需要較高的創造力及動機。愛迪生之所以成爲「發明大王」，是因爲他洞察先機，可以從生活中的不便，力求改變與創新，所以一個好的問題，可以引發分析與思考，成爲促成社會進步的原動力。

七、適時的提供線索，縮小問題空間，將有助於學生的問題解決：但是並非直接給予答案，維高斯基提出「鷹架理論」，老師在學生無法獨立解題時，適時給予線索，可以縮短學生漫無目標的搜尋訊息，減少時間的浪費。

第七章

歸因

當你回顧自己過去的學習歷程，是否曾因老師的一番鼓勵，令你陶醉其中？隔壁小王的譁眾取寵，引來老師的指責，你是否也心有餘悸？前座的小花被糾正不專心的態度時，大家似乎好像也都感受到老師指正的訊息？成長的過程中，總會有幾個自己所羨慕看齊的對象，他們的所作所爲，是不是也讓你心生嚮往？隨著歲月的增長，接二連三的考試令人無法喘息，尤其是考完試的成績不盡理想時，是否令你對自己的智商產生懷疑？還是痛下決心要更努力？在學習或認知的過程中，許多事件或挫折正如海上的浪花，它不斷的拍打著海岸，衝擊著我們的生活，然而，唯有頓悟事情表面下所隱含的意念，才能正視浩瀚海洋中的暗潮洶湧，正如內心潛藏的意念對事物的解讀，無時無刻影響著我們的學習的效果，所以自我信念的重要性，其實不言可喻。

所以本章從歸因論了解學生如何解釋他們成敗的理由，並進一步找出它們對教育的啓示（Bruning, 1995）。

第一節　歸因理論

皮亞杰以爲兒童是不斷組織建構的科學家，人本學者則將兒童視爲充滿好奇心的探險家，可見人類與生俱來就有探索的慾望，對事情的發生都要明瞭背後的前因後果。因此媽媽聽到寶寶哭了，又開始猜測她是不是肚子餓了？還是尿布濕了？妹妹看到姊姊有一顆媽媽給的糖，會好想知道爲什麼姊姊有糖，自己卻沒有？職員看到有人加薪了，千方百計的想知道爲什麼某人可以調薪？股市下挫，投資人開始挖空心思的想著理由何在？Folks（1978）認爲失敗或結果出乎意料之外時，比成功或結果正如預期時，更常問「爲什麼」，Weiner 則認爲成功或失敗都會引發人們進行歸因。可見當逆境或順境迎面而來時，人們會開始思索爲何與之前預期有所落差，在學校裡每次期中考完，呈現「幾家歡樂幾家愁」的情況，成績好的學生也會開始歸納考得好的原因：

「這次考得眞簡單，我早就會了。」

「我好幸運，昨天才寫的測驗卷題目，剛好都考出來了！」

「我眞是聰明蓋世，能力超強，高人一等。」

「經過兩個月的苦讀，終於驗收成果，『一分耕耘，一分收穫』這句話還眞有道理。」

反過來說，成績差的學生會怎麼想呢？

「考得太難了！」

「眞倒楣！會寫的都沒考出來。」

「老師教得不好，她講的國語不標準，害我上課都聽得一知半解。」

「我一緊張就會全身冒冷汗，腦子一片空白，眞糟糕！」

先前有成功經驗的人，依照原本良好的歸因，則仍能再獲成功，若失敗後找出原因，力求改進，也仍有機會反敗爲勝，可見真正的問題在於不同的歸因下，使人們產生不同的想法與信念，結果就反應在行爲表現上，面對同樣的挫折，有人樂觀進取，有人自暴自棄；遇到相同的難題，有人絞盡腦汁的解決困難，有人卻選擇逃避現實，不戰而逃。了解歸因的重要性後，以下讓我們一窺歸因理論的要義。

壹、歸因理論的背景

歸因理論創始於 Heider（1958），他認爲個體面對不同的情境就會不斷地進行歸因，歸因可以分爲能力、努力的個人因素、工作難度等穩定的環境因素及運氣機會等不穩定的環境因素，個人的歸因方式會逐漸塑造出自己的型態，並且成爲人格特質的一部分（吳知賢，1994）。

在實際歸因的歷程上，Heider 提出「共變原則」（principle

of covariation），認為人們常從許多不同的情境下，找出某一結果和特定原因之間的關係（黃安邦，1986），例如小華一上台說話就會緊張而口吃，平常就說話很正常，那麼人們不會認定他具有口吃的特質，而會將口吃的原因歸之於上台緊張的緣故，因為他口吃的情況總是和上台說話相關連，也就是說口吃和上台說話很緊張有共變關係；除此之外，Kelly（1967）補充了「折扣原則」（discount principle），認為結果的產生，除了特定的原因之外，還有其他可能的原因存在，該結果歸因於特定原因的情形會減少。例如：汽車業務員請客戶吃飯，客戶可能會以為又要推銷汽車，要客戶換車，但如果客戶事先表明景氣不佳，沒有能力換車，但業務員還是要請他吃飯，客戶就可能歸因於朋友敘舊，而不僅是推銷汽車唯一的特定原因。

心理學家 Atkinson（1964）提出「預期價值模式」（expectancy model），將個人達到目標期望的強弱依成功機率的知覺（perceived probability of success）及成功的誘因值（incentive value of success）兩個因素而定，發展出下列公式：

動機（M）=成功機率的知覺（Ps）×成功的誘因值（Is）

我們可以從中發現人們行為的動機是依賴他們對成功機會的預估與他們對成功的價值如何看待。如果對成功的預期是零，卻對成功賦予很高的價值，則還是沒有動機，例如做空中小姐是小美的夢想，但是空姐甄試要考英文，小美對英文卻一竅不通，雖然很嚮往，還是會知難而退；反之，若是對成功的預期很有把握，但是對此種成功一點也不看重，則吾人也不會去做，例如小莉的英文很好，通過甄試沒問題，但是他對空姐的工作沒興趣，那麼他也不會有動機赴考。

然而成功機率是否與動機成正比呢？ Atkinson 強調過高的機率反而有害動機，因爲對某人而言輕而易舉的事，他就不會盡最大的努力，所以只有在成敗機會參半的時候，個人的動機會最強（林生傳，1994）。

社會心理學家羅特（Rotter, 1966）提出「制控觀」（locus of control），認爲有人相信凡事操之在己，將成功歸之於自己的努力，將失敗歸因於自己的疏忽，對自己的行爲負責，成爲內控型；也有些人相信成功乃歸因於運氣，失敗則由於其他因素所造成，與自己無關，此種類型即爲外控型。然而，此兩種學習者的類型並非全然的二分法，而是按其強弱做標準，無法預測以後的行爲（張春興，1996）。

Weiner（1979）參考 Heider 的歸因論、Edward（1954）和 Atkinson（1964）的「預期價值模式」及 Rotter（1966）的「制控觀」，加以延伸爲其歸因理論。

貳、Weiner 的歸因理論

Weiner 提出三層面八因素的歸因理論分析，將個人行爲之所以成功或失敗，歸因於以下八個原因：

如表四所示，以內在性歸因而言，「能力」是穩定但不可控制的，「經常性的努力」是穩定且可控制的，「情緒」是不穩定又不可控制的，「臨時性的努力」是不穩定但可以控制的；從外在性歸因來看，「工作難度」是穩定但不能控制的，「教師的偏見」是穩定但可控制的，「運氣」是不穩定又不可控的，「他人的協助」是穩定但可以控制的（梁茂森，1996）。

表四 Weiner 的歸因理論

控制性	內在的		外在的	
	穩定的	不穩定的	穩定的	不穩定的
不可控制	能力	情緒	工作難度	運氣
可控制	經常性的努力	臨時性的努力	教師的偏見	他人的協助

（引自 Weiner, 1979）

根據 Weiner（1972）的觀點，學生所知覺到學習成敗的因素主要來自能力、努力、工作難度及運氣四方面：就能力而言，個人在此方面的歸因是以過去表現的線索來推斷，如果學生一直名列前茅，會覺得自己是有能力的；如果該生一直遙落人後，可能就會覺得自己很無能，此外，有時也會以社會常模爲依據，作爲能力判斷的參照 Weiner（1972），例如在聯考時某人考取理想的大學，而許多人卻名落孫山，此時會讓他感到自己的能力高人一等；努力往往和自己內在預期與外在結果有關，當努力獲得滿意的結果，會增強個人持續此一動機，若努力後的結果不如預期，則易減低下一次努力的動機；工作難度仍以其他人在此項工作的表現來加以參照，許多人成功，表示工作容易；多數人失敗，表示工作困難，至於其他工作性質如時間長短、複雜性及新奇性也會影響工作難度的判斷（梁茂森，1996），如學生以爲文章越長越難，當學生對長篇大論的文章理解失敗時，就歸咎於文章太難（林建平，1995）。至於運氣視工作的性質而有所不同，投機性較高的工作較易引發「運氣」歸因，例如統一發票的對獎或玩牌，缺乏信心者也容易將成功歸因於運氣使然。

Weiner 將成敗的主要因素能力、努力、工作難度及運氣歸納在三個特定的向度，即內外在向度、穩定性向度及控制性向度，以下分別加以說明：

一、內外在向度：個體知覺到成功或失敗的原因是來自自己本身還是外在環境，例如能力、努力視個體本身的因素，此即內在歸因；課業難度及運氣是外在環境的因素，此即外在歸因。

二、穩定性向度：這是指原因的變動性，例如能力和工作難度是比較穩定的，努力和運氣則變動性較大，屬於不穩性的。

三、控制性歸因：是指原因能否被個人的意念所主宰，努力是個人可以決定可以控制的，能力、工作難度和運氣則是個人所無法控制的。

參、歸因的歷程

歸因理論主要是指個人對生活事件的解釋，人們對相同的結果，可能因爲解釋的不同，而引發不同的期望與情緒，導致行爲的不同。

如圖六所示，可見歸因的歷程是先由某人結果的評估，可能會引導一個人去嘗試推論成功和失敗的歸因，這些歸因會引發許多不同的情緒，例如惱怒、驕傲等，也會引發對未來成功的期望，然後個體再依據這些想法爲基礎來行動（岳修平譯，1998）。

以下將分別就歸因歷程中受歸因影響的三方面：情緒反應、對未來達成目標期望及行爲表現等三方面來加以探討：

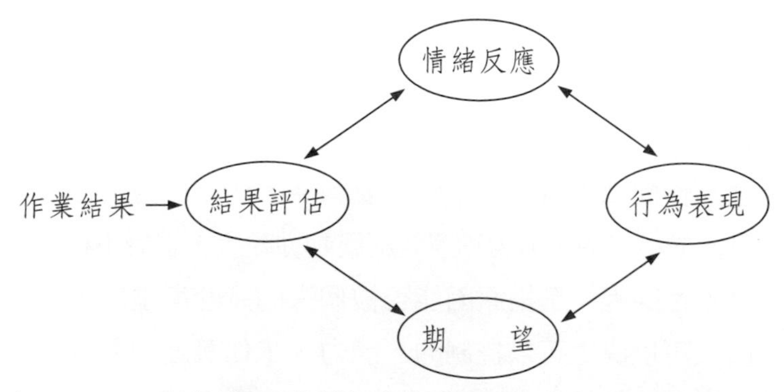

圖六　Weiner 對於學習成就行為的歸因模式之因果關係流程圖

（改編自 Weiner, 1980, p388）

一、歸因影響個體對未來成功的期望

Weiner（1985）認為並非內外在歸因決定成功的預期，而是原因的穩定性在決定。穩定性影響到未來成功的期望，如將結果歸諸於穩定的因素，則成功的結果將促進對未來成功的預期，而失敗的結果將加深未來對失敗的預期（賴清標，1993）。以成功為例，小美考得很好，她將成績好歸因於能力高，因為能力是穩定的特質，所以小美下次對成功的預期會上升；小英也考得很好，但是她將成績好歸因於運氣佳，因為運氣是不穩定的因素，所以小英下次對成功的預期會降低；反過來說，以失敗為例，中中考差了，如果他將失敗歸因於能力，因為能力是穩定的因素，所以中中下次還是覺得自己會考不好；玲玲也考不好，但是她將這次的失敗歸因於努力，因為努力是不穩定的因素，她可以更加努力來克服失敗，那麼她下次還是預期自己會成功。

Rotter（1966）認為成功或失敗後期望的改變，也受到內控和外控信念的影響，內控者相信命運操之於己，成功之後期望會升高，失敗後期望會降低；外控者認為成敗乃是運氣，所以成功以後，期望會降低，失敗之後，期望反而會增加，形成所謂「賭徒的謬誤」（gambler's fallacy）。

二、歸因會影響情緒反應

Weiner認為情緒反應可分為兩種導向：一是「結果導向」；

一是「歸因導向」（梁茂森，1996），「結果導向」是指情緒反應取決於結果是成功還是失敗，成功時主要表現出正面的情緒，如快樂，失敗時則可能感到氣憤、沮喪或害怕。

「歸因導向」的情緒往往伴隨著「結果導向」的情緒而來，例如成功若歸因於他人的協助，則充滿「感謝」；成功若覺得運氣使然，則充滿「驚喜」，下表乃認知—情緒的歷程，有助於了解情緒的明確性及辨別性（Weiner, 1986）。

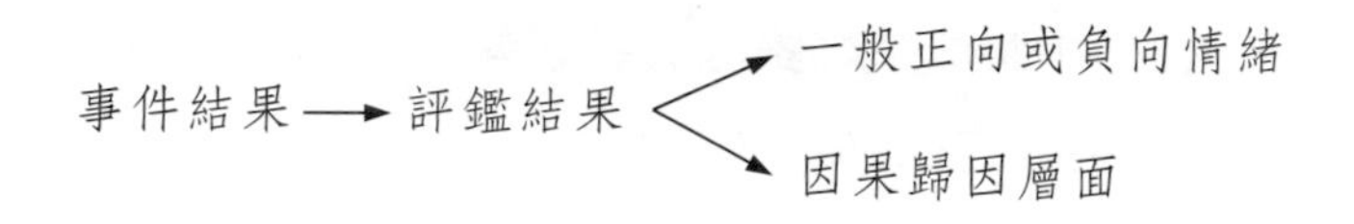

依據 Weiner（1986）的歸因三向度，其對情緒的影響可歸納如下（Weiner, 1983, 1985, 1986）：

㈠內外在向度：個人在成功時做內在歸因，則會產生自尊、自豪的情緒，若在失敗時做內在歸因，則會因爲感到無能或不夠努力，而產生內疚及罪惡感；反過來說，當個人在成功時做外在歸因，則不會感到過度榮耀，在失敗時做外在歸因，也不會產生內疚，因爲責任不在自己。

因此，當小王成功的當上大老闆，如果他將成功歸因於自己的能力好，本事大（內在歸因），則會引以爲豪，若是他將成功歸因於運氣，則並不會太感驕傲。

㈡穩定性向度：成功若是以能力來歸因，則會因爲一連串穩定的成功，而更感自信及自豪；然而，失敗若是以能力來歸因，則會因為一連串固定的失敗，而更加挫折內疚，但是努力、運氣等不穩定的因素所引發的情緒，則不會延續到未來事件上（吳幸宜，1994）。

㈢控制性向度：由於控制性係牽涉到對他人的評鑑，所以可控性和氣憤、罪惡感、內疚、感謝等情緒有關；不可控性則和憐憫、羞愧有關（梁茂森，1996）。以可控性為例，當個人的成功是由於他人的協助，則產生感謝；當個人的失敗是由於別人的影響，則感到氣憤；當個人的失敗是由於自己不夠努力，會產生罪惡感；以不可控性為例，當個體的失敗是由於生病，則產生憐憫，若是因為能力差，則會產生愧疚。

表五　由因果推論向度所引起的情緒

結果	向度聯結	情緒性反應
正向結果	內在歸因 可控制性 穩定性 外在歸因	自豪與自尊 自信的感覺 擴大自豪、自尊與自信感（對內在歸因而言） 感謝的心情
負向結果	內在歸因 可控制性 穩定性 外在歸因	困窘、羞恥感與罪惡感 罪惡感 擴大羞恥、冷漠、退縮（對內在、可控歸因而言） 憤怒感

（引自吳幸宜，1994，p409）

三、歸因後會影響行爲表現

歸因後除了會評估未來成功的預期並引發情緒反應之外，還會產生不同的行爲傾向（見表六）。以下舉例說明九種歸因後的行爲表現（梁茂森，1996）。

表六　事件結果、歸因、情緒與行為傾向的關係

事件結果	歸因	情緒	行為傾向
負面、涉及自己	他人控制	氣憤	對別人報復
負面、涉及他人	他人控制	氣憤	不理會
正面、涉及自己	他人控制	感謝	報答別人
負面、涉及自己	自己控制	內疚	修正自己；更加努力
負面、涉及他人	自己控制	內疚	斥責及賠償；趨近他人
負面、涉及他人	不可控性	憐憫	補償或幫助
正面、涉及自己	自己	自尊	酬賞；努力工作；堅持
負面、涉及自己	自己	自貶	逃避工作
負面、涉及自己	自己無法控制	羞愧	退縮；逃避工作

（引自 Weiner & Graham, 1989）

㈠負面、涉及自己的他控事件結果引發憤怒，並傾向報復手段：例如許多商人利用盜版歌手的唱片來圖利，此舉必然使歌手憤怒，因爲心血被剽竊，於是展開檢舉有賞的報復行動。

㈡負面、涉及他人的他控事件結果引發憤怒，並傾向於不予理會：例如有人喝醉酒，在路上指指點點、破口大罵，路人雖未被波及，但是面對此種囂張情況，還是會義憤填膺，多數人傾向不予理會這種爛醉如泥的人。

㈢正面、涉及自己的他控事件結果引發感謝，並傾向報答別人：例如公司獲利佳，老闆感謝員工的賣力盡責，所以用加薪來予以回饋報答。

㈣負面、涉及自己的自控事件結果引發內疚，並傾向修正自己或更加努力：例如圓圓這次月考因爲貪玩沒複習而考差了，他爲此深感內疚，並決心下次要更加努力。

㈤負面、涉及他人的自控事件結果引發內疚，並傾向修正自己或更加努力：例如公車司機因爲超車而撞倒機車騎士，公車司機深感內疚，加以賠償後提醒自己以後要更加小心。

㈥負面、涉及他人的不可控事件結果引發憐憫，並傾向補償或幫助：例如看到盲人要過馬路，他們的不幸是與生俱來，無法控制的，所以難免引發人們的憐憫之心，所以人們會幫忙他們過馬路。

㈦正面、涉及自己的自我歸因事件，結果引發自尊，並傾向於酬賞或努力工作：例如因爲自己的能力或努力而獲得某方面成功，將使個人產生自我效能，對此方面充滿信心，更加努

力去做。

(八)負面、涉及自己的自我歸因事件，結果引發自貶，並傾向於逃避工作：例如因爲自己不努力或沒能力而名落孫山，將使個人覺得自尊受挫，於是選擇逃避現實，不去考試。

(九)負面、涉及自己且自己無法控制的事件，將引發羞愧，應傾向於退縮與逃避工作：例如小王被辭掉工作，他認爲是因爲自己的能力不夠，於是覺得很羞愧，也沒有勇氣再去找工作。

第二節　歸因再訓練

了解歸因的重要性，就知道成敗歸因其實是後天習得的行爲態度，對個體學習動機具有深遠的影響，因此許多心理學家在探討歸因的相關理論之後，便致力於歸因再訓練，以提高個體的行爲動機與表現（Borkowski, Weyhing, & Carr, 1988; Perry & Penner, 1990; Schwartz, 1992）。

歸因再訓練的積極目的有三（吳知賢，1994）：

一、使個體重新評估客觀環境的歸因結構，做出積極正向的歸因。

二、改善個體因不良歸因所導致的情緒困擾，排除自卑自貶、自暴自棄等負面情緒。

三、讓個體以新的角度來看待問題，能夠妥善因應問題，而非逃避現實，因循苟且。

歸因再訓練植基於Martin Seligman的習得無助理論、Bandura的自我效能論及Weiner的歸因論，其中Bandura的自我效能論及Weiner的歸因論已在前兩節做介紹，如今再就Martin Seligman的習得無助理論加以說明。

Martin Seligman在一九六〇年代將狗置於無法逃脫的情境，然後施予電擊，電流強度足以引起狗的痛苦，卻不至於引發身體的傷害，結果發現狗在電擊之初感到驚恐，之後就躺臥在地板上，即使有逃脫的機會，牠也不願嘗試（張春興，1996；Overmier & Seligman, 1967；Seligman & Maier, 1967）。

Seligman（1975）綜合其研究所獲致的結論如下（吳知賢，1994）：

一、動機方面：習得無助會使個體知覺行動無益於結果，所以採取行動的意願很低。

二、認知方面：習得無助會使個體失去信心，因而無法正確判斷，導致學習上的困難。

三、情緒方面：習得無助會使個體在面對困難時，引發嚴重的負面情緒。

Diener 和 Dweck（1978）研究習得無助感兒童與精熟導向兒童的歸因差異，結果發現在面對失敗時，習得無助感兒童常將失敗歸因爲不可控的穩定性因素，例如「我很笨」、「我沒有能力」，所以對未來感到悲觀與絕望；然而，精熟導向兒童則將失敗視爲可控制的不穩定因素，所以他們會自我教育，努力找出原因加以補救，並從挫折中學習與成長。

Schunk（1984）將實驗受試者分爲四組，一組學生接受努力回饋，一組學生接受能力回饋，另外兩組分別接受能力—努力及努力—能力回饋，結果發現接受能力回饋的學生表現優於努力回饋的學生，可見能力歸因比努力歸因更接近自我效能。

Covington（1984）發現成功的學生多半將成功解釋爲能力的展現，而不肯將成功歸因於自己的努力，原因是工作成敗是事實，但是個人對成敗的歸因卻是主觀的，面對成功的結果，將它歸因於能力比歸因於努力更能帶來自我價值。然而對於長期追求成功又得不到成功的人，爲了在學習動機上維持自我價值，所以就改以逃避失敗來維持自我價值（張春興，1996）。

吳知賢（1994）綜合所有研究發現歸因再訓練也就是將失敗歸因由缺乏能力、不可控制及無法改變的信念，轉變爲努力、可以控制的不穩定狀態。

歸因再訓練將幫助學生增進他們所做歸因的了解，也可以減少學習的焦慮，從上述的研究中發現「歸因再訓練」不應該只聚焦在「努力」上，有些學生可能必須歸因於能力，對於缺乏基本的基礎訓練以達成任務的學生，強調「努力」的重要性可以幫助他們的工作表現及持續力。

由此可見，「因材施教」古有名訓，對學生的歸因再訓練亦然。當學生的表現優異卻缺乏信心，加強「能力」歸因，則可增其自我效能，對於學生的失敗將其歸因於努力不夠，此一可控制性的不穩定因素，可以幫助學生加強自我努力，追求更好的表現。

第三節　歸因理論在教育上的應用

Weiner（1983）認爲歸因會影響學生的結果預期、情緒反應及行爲表現，而且老師的歸因方式也會影響學生的歸因方式。

老師的歸因會透過三種方式來影響學生對自己歸因的推測（賴清標，1993）：

一、老師對學生明確的回饋對或錯。

二、老師非語言的情緒反應，例如高興、生氣、憐憫或同情。

三、老師的後續行爲，如額外的課業加強、送獎品、稱讚。

其中分析顯示老師的情緒反應和後續行爲才是影響學生歸因的重要線索（賴清標，1993），例如，老師認爲學生的成績不好，是因爲學生剛好感冒生病，運氣不佳，學生也可能會認爲自己的失敗是運氣使然。如果學生考得很好，老師非常高興又表示讚許，學生可能會覺得自己能力很好或非常努力。

因此，老師的歸因對學生的影響很大，老師應該幫助學生讓他們相信自己是有能力的，即使是失敗，也應歸因於「努力」，而非能力不夠，綜合上述研究，以下提出一些教師增進學生自我信念及學習信心的建議：

一、強調「學習導向」而非「目標導向」，營造學習導向的學習環境：Dweck（1989）、Elliott 和 Dweck（1988）研究發現「成就導向」的兒童追求能力的正面評價，害怕失敗，因爲認爲失敗就是能力不佳，失敗後並會產生負面的情緒反應，並使表現惡化（吳幸宜，1994）。「學習導向」的兒童則以學習新技能爲目標，即使「失敗」也能保持正向的情緒，並從中吸取經驗，有利於下一次的表現。所以老師在教學時，應強調「學習導向」而非「目標導向」，營造「學習導向」的學習環境。

如何營造「學習導向」的環境？ Stipek 和 Daniels（1988）發現要重視學生的努力，教師回饋的焦點在導正學生的學習策略，而非答案的對錯。教室環境的特徵包括強調互助合作、具有彈性的教學小組、依照成分技能而異的作業、淡化彼此間的比較、經常性的小組計畫、以實質的評語來取代名次之爭（吳幸宜，1994）。

二、安排難易適中的學習課程：Atkinson 強調過高的機率反而有害動機，因爲對某人而言輕而易學的事，他就不會盡最大的努力，所以只有在成敗機會參半的時候，個人的動機會最強（林生傳，1994）。因此老師在選擇教材時，難度太高可能會使學生望之卻步、失去信心；難度太低可能會使學生認為缺乏挑戰性，沒有興趣，所以只有在教材難度適中時，最能引起學生的動機。

三、對學生採取個別性的「標準參照」評量：學生之間存在著個別差異，不同的資質若以相同的標準來衡量，將使程度高的學生失去鬥志，因為要達到標準視如反掌；程度低的學生則自我放棄，因為要達到標準是「不可能的任務」，所以老師應運用「標準參照」評量，依照學生的能力訂立個別的標準，才能引發每位學生的學習興趣。

四、幫助失敗的學生做出「努力」的歸因：當學生失敗時，要善用努力的歸因回饋。學生的眼睛是雪亮的，同情和憐憫可能會讓學生感受到自己的無能，更加自暴自棄，無情的打罵則會扼殺孩子的自尊，造成無形的傷害，所以老師即使面對能力不佳的孩子，仍應給予「努力」回饋，鼓勵孩子：「老師相信你很聰明，只要更加努力，下一次一定會成功。」

五、適時的給予學生回饋，可以幫助學生做出有利的歸因：Good（1980）曾列出十一項教師對低成就者的不當反應，包括：要求較少、規定的作業較少、座位離老師較遠、不受注意、老師的眼神較少接觸他們、回答問題的機會少、老師的待答時間較短、錯誤之處又得不到詳細的解答等。

教室活動往往會影響學生對自我的覺察，老師過度的批評、不當的讚美都將傳遞出不利學生的訊息，因而造成學生負面的自我歸因。

第八章

班級經營新祕笈

七田真（1997）指出大腦在 β 波的情境下，充滿緊張和壓力，有害學習效率；反之，徜徉在 α 波這種放鬆的情境下，最有利於學習成效，所以充滿正向情緒的環境下，更有利於大腦的吸收和學習。學生有許多時間都在學校學習，學習氣氛對孩子的影響深遠，所以老師的班級經營方式對孩子而言十分重要。

教學是一門藝術，在教室裡，老師們挖空心思，精心設計著五花八門的教學活動，期待能引起學生的學習動機，達成良好的教學成效。然而，倘若沒有一套合適的班級經營模式，良好的教學可能受到層出不窮的干擾，學生時而插嘴、吵鬧或嬉笑，都會使老師的教學品質大打折扣，所以老師除了用心教學之外，更要建立良好的班級經營方式，如此一來，才能營造出和諧的學習氣氛，讓師生共同徜徉在優質的教學情境中，以下筆者根據多年來的教學經驗，推陳出新，提供幾種班級經營新祕笈作爲參考：

壹、建立班規，共同找出「邏輯後果」的處理方式

佩佩老師剛踏出校門，對於教學充滿憧憬，內心更是秉持愛心與耐心，希望能作育英才，讓孩子在沒有壓力的教學情境下成長，於是她一秉信念，上課時對於學生愛講話、插嘴等行徑，一律口頭勸說，一個

月之後，上課時卻感到頭痛不已，因爲一個月前還能順利進行的教學活動，一個月後全班上課時卻開始七嘴八舌，此起彼落，佩佩老師根本來不及制止，教室宛若菜市場一般，佩佩老師頓時淚流滿面，不知如何是好？心裡想著：愛的教育下怎會出現難以控制的教學情境？

佩佩老師的教學困境，來自於她缺乏一套有效的班規運作，學生的目光敏銳，觀察入微，時時刻刻在找尋老師的極限與模式，當孩子發現老師對於不守規矩的學生，仍是和顏悅色的勸說，其他學生便有恃無恐，紛紛模仿和學習，於是教室秩序大亂，無法掌握。面對以上的困境，首善之趨在於建立一套有效的班規。

班規的訂定在老師接手新班級時，就應立即著手，中高年級學生較懂事，老師可以與學生共同討論，一起訂立班規，訂立班規之前，老師應先對訂立的原因詳細說明，讓孩子了解其必要性，之後經由師生共同討論，找出針對違紀同學合理的處置原則，這樣的方式不同於懲罰，而是「邏輯後果」的處理方式。這種方式可以引發內在紀律，增進內在動機，透過對社會規範的體驗，來培養正當的行爲。此時，老師不是權威者，而是催化孩子遵守社會規範的人，師生要共同遵守邏輯規則，這些規則必須經過討論，被孩子了解和接受，而非強制性的要求，透過這種方式，可以建立學生自主性及責任感（曾端真，曾玲珉譯，民 90）。

「邏輯後果」的訂立，要秉持合理性及相關性的原則，當孩子亂丟垃圾時，如果老師運用懲罰，要求孩子抄課文，孩子可能寫得手很痠，又未必能切實反省，若能透過共識性的邏輯後果，全班一起討論，找出和行爲有邏輯關係的處理方式，學生可以從中學到更多。例如亂丟垃圾就當一日清潔隊員，幫全校打掃環境和撿垃圾，從當天的活動中，孩子可以切身體會蚊蟲滋生、環境髒亂的苦楚及打掃環境的辛苦，下一次要亂丟垃圾之前，就會三思而後行。

以筆者任教的班級爲例，班上共同訂下的第一條班規是「說話前先舉手」，違反規定的同學，大家提議第一次犯規罰站或下跪，表決的結果決定以罰站的方式處理，目的是希望趁這個機會，反省自己犯錯的原因，下跪之所以不好是因爲這樣做對身體不好，所以不符合「合理性」的要求；第二次犯規要罰站並蓋紅章，老師還要記載在聯絡簿中，同學認爲之所以要告訴父母，同學們認爲這樣可以透過父母的力量，一起幫助小朋友改掉壞習慣；第三次犯規除了罰站、蓋紅章、寫聯絡簿之外，還要抄寫二十遍自己所犯的錯誤，並且期許自己改過來，例如寫下「我上課說話忘記舉手，影響上課秩序，下次我要改過來」。

許多新手老師在訂下班規後，面對學生的犯規，卻又因爲繁忙，無法堅持到底，然而學生的眼睛是雪亮的，如此一來，教室秩序必然難以維持。「威宜自嚴而寬」，古有明訓，老師與同學共同訂下班規後，就應該切實執行，不要讓學生覺得有

◎表七　邏輯後果和懲罰的比較◎

自然後果	共識性邏輯後果	懲罰
行為的自然結果	合於實際的狀況，用於實際的訓練中。	成人的專制力量，沒有訓練。
成人未介入行為後果，例如小孩跌倒，膝蓋淤青	和行為有邏輯關連，於行為發生之後，和孩子共同討論，讓他們了解並接受的邏輯後果。	權威主導：按照我說的話去做，不准有疑問。
孩子把行為和後果連在一起	沒有道德的批評，針對行為而非行為者。	道德批評：通常用「不好的」或「錯誤的」批評，可能激起挑釁。
沒有選擇性，後果自然產生	給孩子選擇的機會，要對自己負責。	孩子沒有選擇性，由成人主導孩子的行為。
孩子學習內在的自律	培養內在紀律。	由外力維持紀律，可能激起不良的行為，讓孩子因害怕而守規矩，並非內在信念。
成人未干預	維持正面態度，孩子感到相互尊重。	成人的態度是憤怒的，敵對氣氛使孩子產生怨恨。

（摘錄自曾端真，曾玲珉譯，1991）

機可趁，可以混水摸魚。

此外，老師對於學生的犯規違紀，可以試著說出孩子不適當的舉止，讓孩子了解行爲後產生的結果，例如一位學生在老師要求他調換位子的時候，在老師面前丟書包，當下可能引發老師憤怒的情緒，但是老師要避免過度激動，以免情緒失控，給予過多指責、威脅及侮辱，造成孩子心裡的陰影，老師此時可以告訴這個孩子：「你在老師面前丟書包，老師看了很不舒服，這種舉動，會影響到老師和同學，讓大家無法繼續上課，如果你不願意換位子，可以說出來，老師願意聽聽你的想法！」

此外，班規並非一成不變，老師可以因應學生的需求，酌量增減，以筆者任教的班級為例，由於發現班上學生自動自發的風氣仍顯不足，因此希望這些三年級的小朋友能更上層樓，剛開始，筆者跟孩子們分享自己自動自發做的一些事情，例如隨手撿紙屑、將學生掉落的衣服歸位等，並鼓勵孩子將自己的經驗寫在聯絡簿中，隔天，跟學生分享筆者在教室中觀察到學生自動自發做好事的經驗，發現學生還會自發性的給予同學掌聲，循序漸進的，主動的風氣逐漸開展。

貳、全班皆股長制

回顧童年時光，能幫老師做事時，內心總是充滿喜悅，即使只是登記成績，也感到莫大的鼓舞！時光飛逝，長大後有幸成為人師的我，望著制式的幹部制度，僅有幾位股長能為班級服務，不禁突發奇想，如果讓全班都當幹部，那麼每位學生都能從自己所擔任的職務中學習與成長，找到自信與光彩。

過去任教的幾年中，也曾想過許多五花八門的股長類別，讓學生每個人擔任兩種股長，但是效果並不如每人擔任一種股長來得好，因爲部分同學對於各司其職的觀念未清，事情多反而搞不清楚。

如果剛接手一個班級，幹部選舉最恰當的時機，應該是兩個星期之後，幹部由學生投票方式產生，最符合民主潮流的選舉方式，但是某些重要但並非人人想要當的幹部，老師可以指定，例如每組組長必須收回家作業，並登記未繳交名單，此一幹部若選聰明伶俐的學生擔任，老師就不用每天找出誰沒交功課，浪費許多時間；然而在班上，必然也會有一些特殊的學生，此時安排他做一些簡單的工作，例如擔任傳閱股長，若有文件需要與其他班老師溝通，擔任跑腿的工作，這樣簡單的工作，可以讓學生樂此不疲。

幹部的種類，除了傳統的班長、副班長、總務股長、學藝股長之外，老師可以透過巧思及實務需要，設計各種不同的股長，在筆者的班上，爲了提醒學生準時回教室上課，筆者就設計了「播報股長」一職務，播報股長在學校上課鈴聲結束後，會從十九八七六五四三二一開始倒數，倒數完後。若還有同學未進教室，代表上課遲到。

此外因應分組競賽，也設計了「蘋果股長」一職，負責上台幫忙加分或減分，透過「全班皆股長」制度，減輕老師的工作負擔，也讓學生在工作中神采奕奕，感受到自己是班級中的一份子，願意盡心盡力。

表八　班級幹部一覽表

三年＊班幹部一覽表			
座號	姓名	職　務	任　務
1	＊＊庭	組長	負責收該組作業，並提醒組員遵守班規。
2	＊＊諭	外掃區衛生股長	負責管理和檢查外掃區的整潔。
3	＊＊勳	書法股長	負責書法作業、上課整潔及榮譽卡之發放。
4	＊＊濤	自然小老師	負責登記自然成績並檢查訂正。
5	＊＊廷	值日生股長	負責叮嚀值日生工作，並填寫日期及姓名。
6	＊＊鵬	傳送股長	負責分發各項作業。
7	＊＊酉	服務股長	負責開關窗户、電燈、電風扇。
8	＊＊泰	傳閱股長	負責傳送資料到各班。
9	＊＊項	路隊長	維持放學路隊秩序。
10	＊＊村	總務股長	負責影印、購買班級用品及蒐集發票捐給孤兒院。
11	＊＊廷	風紀股長	維持早自習、午休時間及上課秩序。
12	＊＊恭	班長	維持升旗、早自習、科任課及上課秩序。
13	＊＊昱	數學小老師	負責登記數學成績並檢查訂正。
14	＊＊東	保健股長	發放漱口水、檢查餐後潔牙工作情形。
15	＊＊瑋	路隊長	維持放學路隊秩序。
16	＊＊廷	營養午餐股長	分配同學抬餐盒之工作。

（接下頁）

（續上頁）

17	**郡	檢查股長	放學前，檢查全班桌椅及地面是否保持整潔。
21	**涵	學藝股長	更換教室佈置。
22	**敏	組長	負責收該組作業，並提醒組員遵守班規。
23	**瑾	蓋章股長	負責聯絡簿之藍章及紅章。
24	**慧	蘋果股長	負責為各組表現情況加分或減分。
25	**庭	國語小老師	負責登記國語成績並檢查訂正。
26	**宇	組長	負責收該組作業，並提醒組員遵守班規。
28	**柔	康樂股長	慶生會、同樂會相關活動主持人。
29	**卉	組長	負責收該組作業，並提醒組員遵守班規。
30	**琪	副班長	維持升旗、早自習、科任課及上課秩序。
31	**雅	體育股長	負責體育課的帶隊、上課秩序及器材借用。
32	**嬙	路隊長	維持放學路隊秩序。
33	**涵	傳送股長	負責分發各項作業。
34	**蓁	組長	負責收該組作業，並提醒組員遵守班規。
35	**萱	教室衛生股長	負責管理和檢查教室內外的整潔。
36	**嘉	整理股長	負責整理掃具。
37	**瑜	播報股長	負責播報成績及上課時間。

參、藍章與紅章「相得益彰」

記得有一次和一位家長聊天，家長竟然信誓旦旦的告訴筆者：「老師，妳知道嗎？我知道怎麼分出哪一位老師好，哪一位老師不好？」筆者聽了十分詫異，家長又不能觀看每一位老師上課情況，這位家長也並非教育專業人士，他如何評鑑呢？只見該家長笑一笑，告訴筆者說：「我只要跟幾位不同班級的家長們，互相交換一下聯絡簿，我就知道每個老師的好壞了！」

看到這裡，筆者想許多老師可能紛紛抱屈，老師投入教學、設計活動的辛苦，家長都看不到，居然只看到這種表面功夫，然而，大多數家長又看不到老師實際上課的情形，有些家長忙於工作，每天只能做到簽孩子的聯絡簿，所以「聯絡簿」其實是老師和家長之間的溝通橋樑，若能適時發揮其重要功能，實具有畫龍點睛的效果。

過去的教學中，爲了鼓勵學生良好的表現，也基於「間接性的酬賞優於直接酬賞，可以培養學生延宕的滿足」的理念，所以採用獎卡制度。然而在工商業繁忙的今日，家長陪伴孩子的時間漸漸減少，有些家長僅是簽寫聯絡簿來了解孩子的學習情形，鮮少了解孩子在校的表現情形。

在偶然的機會下，發現好友鄭淨文老師在聯絡簿中採用藍章和紅章的制度，家長可以對孩子每日的表現一目瞭然，因此

筆者見賢思齊，設計了八種類型的藍章，包括：

一、表現優異：學生在學校上課守規矩、作業準時交。

二、了不起：當日作業得到好成績。

三、優：考試得到滿分。

四、好幫手：擔任值日生表現良好或是當天熱心服務。

五、好棒：當天有特殊事件，足以表揚者。

六、打掃認真：當天打掃教室或外掃區工作認真。

七、愛心小天使：聯絡簿中自己或父母有記載學生做家事或好事。

八、午休表現佳：午睡時間安靜休息，未吵鬧者。

老師每日處理事務繁忙，所以三年級就安排蓋章股長來蓋章，至於「打掃認真」的章，就交給衛生股長來蓋章，既然有表現良好的藍章，當然會有表現不好的紅章，蓋上紅章的同時，筆者會親自將學生需要改進的事情寫在聯絡簿上，讓家長知道孩子需要加強之處，多加叮嚀，親師共同督促與輔導，效果會更好。

透過藍章與紅章交互使用，其優點如下：

一、家長了解孩子在學校當天的表現，表現優良者，可以適時予以增強；表現不佳處，可以督促提醒。

二、老師可以採用藍章數目減去紅章數目來給予學生獎勵，也可以依據此一標準計算操行成績，公正公開。

三、選舉模範生時，亦可以藍章數目最多的幾位學生作爲候選人，選出來的學生平日表現優良，更具公信力。

肆、分組競賽

隨著年紀的增長，同儕在孩子心目中的份量逐漸加重，透過分組競賽的方式，可以增進孩子對自己的榮譽感，並且發揮互助合作的功能。過去，筆者曾經採用個人計分榮譽制度，其優點是非常公平，自己承擔所有行爲的後果，但缺點在於孩子容易有「個人自掃門前雪，莫管他人瓦上霜」的心態，爲了防止此一弊病，改採分組競賽的方式，同一組的成員會共同爲目標努力，彼此互相提醒和加油打氣，此一方式實施的同時，仍有些需要注意的地方。

一、扣分或處罰是消極面的策略，難以培養孩子自律的行爲，老師盡可能採取積極面向，觀察學生良好的行爲，並舉出具體事例來加分（曾端貞，1994）。

二、老師應該注意班上的特殊兒童，如過動症或自閉症的學生，老師應該多提供這些學生爲該組加分的機會，他們表現不佳的時候宜私下處理，以避免這些弱勢的學生因爲自己難以控制的行爲而遭受同組成員排擠，人際關係雪上加霜。

三、班上通常會有一些純粹調皮搗蛋的學生，透過「分組競賽」的方式，這些孩子的行徑通常會收斂許多，因爲除了老師的糾正之外，還多了同儕制約的力量，班級常規會逐漸進入軌道。但是當老師進行分組扣分時，要鼓勵小組傳達的反應是相互提醒和約束，產生「合作」的關係（曾端貞，1994），而非責怪或排斥，告訴孩子「人非聖賢，孰能無過」，重要的是能及時糾正和反省。

四、分組競賽的總結，有一星期總結計分，也有當天總結計分的方式，年紀較小的學生，較適合當天總結計分，年紀較長的學生，也可以一星期總結計分，老師對最高分的組別成員，可以給予蓋獎章或給獎卡的獎勵方式。

伍、以悄悄話和手勢代替喊叫

在教室中，新手老師面對混亂的教室情境下，時常企圖以更大的聲音蓋過學生，聲嘶力竭之下，受傷的往往是自己的聲帶，老師一味叫喊著「不要吵！」，學生卻未必真的乖乖聽話。

在神經語言方程式（NLP）中，提到混亂的教室情境下，若是老師也走來走去，不斷喊叫，學生的情緒會更加浮躁！此時，不妨來個「以靜制動」，以簡單的手勢或悄悄話來取代大嗓門的喊話。

手勢的動作，老師可以自行設計，並且事先與學生溝通，例如老師舉起一根手指代表「嘴巴成一直線，不要露出牙齒」；舉起兩根手指，代表「兩條腿站起來」；舉起三根手指，代表「雙手插腰像兩座山」；舉起四根手指，大家都做出和老師一樣的動作，並回答「是」，老師舉起五根手指用力一揮，就是代表「坐下」。

這個技巧適用於學生不專心的當下，剛開始，老師所做出的手勢或悄悄話，可能只有少數學生回應，此時，老師立刻對這些學生的專注給予增強（如用分組加分的方式），引起其他同學的注意，久而久之，其他同學紛相仿效，在孩子注意力不集中的當下，適時用上這招，全班立刻鴉雀無聲，學生上課更專注，老師也不需聲嘶力竭的叫喊，就能維持上課的秩序。

陸、以期待的語言取代糾正

老師的言行舉止，對孩子來說，都影響深遠，每一位老師都希望營造溫馨歡樂的學習氣氛，然而學生的偏差行為，卻又不能置之不理，此時，不妨「以期待的語言取代糾正」，這種方式讓孩子心悅誠服的願意改變不合宜的舉止，做出老師所期望的要求。

在班上有些小朋友上課時，仍未能拿出課本，老師可能會說：「小丁，怎麼沒有拿出課本？」這樣直接的語氣若是改為期待的方式，會變成「小丁知道這節是數學課，他正準備要拿出數學課本。」除非特殊的孩子，否則大部分的學生透過這樣的提醒，都能做出老師所期望的動作。

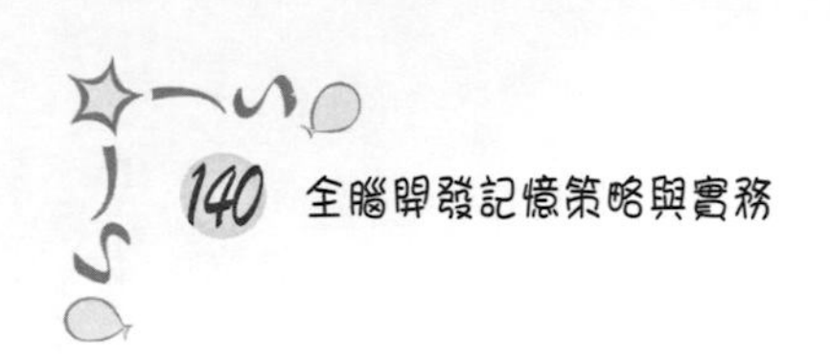

柒、感謝和掌聲是最美妙的聲音

有一位老師經過筆者的教室，好奇的問道：「你們班真不錯，主動給你很多次掌聲！」筆者聽了笑一笑說：「這些掌聲大多是給學生的，不是給我的。」

在班級中，一旦學生有良好的表現，老師大多會給予讚美，此時，正是培養學生欣賞同學的好時機，適時的來點掌聲，傳達「喜人之所喜」的心意，也是美事一樁；還有一些同學自動自發的幫班上發簿子、整理教室等，何不也讓學生抱持一顆感謝的心，向這位學生傳達謝意，說一聲謝謝。

透過這樣的方式，孩子們更樂於自動自發、互相幫助，每當悠揚的掌聲響起，這天籟般美妙的聲音，總是會觸動每一個人的心弦，讓大家更珍惜彼此的緣分，營造更溫馨的班級氣氛。

捌、結語

老師在學期之初，就應該具體明確的建立良好的班級經營方式，並且在日常生活中，用心的引導學生，使學生在老師身教和言教耳濡目染之下，將外在的班規內化爲自己的內在價值觀，不僅能使教學活動得心應手，更能使學生對班級充滿向心力，樂在學習！讓我們共勉之！

第九章

兒童說謊類型及因應之分析探討

壹、前言

孩子天真無邪的臉龐，綻放無憂無慮的笑容，宛如六月的向日葵，燦爛奪目，讓人流連忘返；彷彿冬日的暖陽，深深溫暖著每個人的心房，洋溢著青春與歡樂。曾幾何時，當純真的目光開始閃爍，小小的指尖開始顫抖，童言童語蒙上一層如夢似幻、如真似假的薄紗，莫不令望子成龍，望女成鳳的父母心痛不已，擔心孩子的謊言會不會變本加厲、雪上加霜，卻又害怕拆穿孩子的謊言，會對孩子幼小的心靈蒙上陰影，一時之間不知如何是好，無所適從？

依認知發展理論的角度而言，兒童的認知發展必須達到某一程度，才能做出說謊的思考和行爲，依皮亞杰的劃分，孩子進入能做合乎邏輯思考的具體運思期才會有說謊的行爲出現（林進材，1998）。

從Erikson的心理社會論而言，自我需求和社會限制的衝突會造成心理上的危機，人生的每個時期皆有特定的問題，低年級時期說謊的機率最高，適時的輔導能化危機爲轉機。

行爲主義學派認爲說謊是因爲過去的學習經驗所導致對特定刺激的反應方式，要透過對外在環境的控制，並提供新的行爲經驗來取代說謊行爲。

Leomard 近一步研究認爲，有很高比例兒童說謊，但故意真正說謊的比例卻不高，他曾分析過七百個謊言，發現約有67%來自畏懼處罰，16%存在於兒童的想像、誇張及缺乏正確性，故意說謊的僅佔20%（引自林進材，1998）。

從社會心理學來看，孩子在說謊時的特性，包括回答較簡短、反應較遲延、緊張、說話較多錯誤等，均可偵測出謊言的端倪（De Paulo，1992），即使孩子努力將口語內容及臉部表情控制得好，其身體的姿勢及非語言的線索也會洩漏出他們的謊言，由於過度的焦慮、緊張及神經質，所以會從非語言的動作表露出來，因爲聲音語調和身體一樣，比臉部表情更難控制，然而，偵測出謊言的存在，更應追根究底了解其原因所在（張滿玲譯，1999）。

貳、兒童謊言類型

欲知如何因應及分析兒童說謊情形，首先應對兒童說謊情形加以了解，根據研究兒童道德發展的心理學家指出，兒童故意說謊的情形大約要七歲才會發生，有的兒童以說謊的方式來引人注意、滿足慾望、逃避責任、減輕壓力、保護自己，有的小孩則由於心理不成熟、語言表達不足而說出與事實有差距的話。

兒童說謊的情形，可大略分爲以下幾種方式：

一、渾沌不清、斷章取義的謊言：由於年紀幼小，對語言的理解及表達能力尚有不足，因此對事情的陳述容易斷章取義，所表達的訊息不完整或與事實有所出入。

例：初上一年級，同同的內心充滿喜悅，一切的事物是如此新奇有趣，尤其是合作社，更吸引大家一窩蜂的熱潮，爲避免小朋友使用金錢無度，所以老師在上課時說：「小朋友吃完早餐後，如果肚子餓，可以自備點心，盡量不要帶錢到學校來，如果一定要帶錢，每天最多只能帶十元。」同同回家後，立刻伸手向爸爸媽媽要十塊錢，爸爸媽媽覺得很奇怪，同同義正詞嚴的告訴爸爸媽媽：「老師說每天都要帶十塊錢到學校來。」爸爸打電話詢問老師，才知道是同同聽不清楚，所以傳達錯誤。

二、充滿幻想、滿足慾望的謊言：一般三到六歲的幼兒往往充滿幻想，有時把真實和想像混淆了，有時喜歡誇張，沉迷於戲劇性的想像中，於是編織出美好的幻想而沉醉其中、自得其樂。

例：美美活潑可愛，聰明俏麗，在老師觀察她與小朋友玩假裝遊戲的過程中，應對上總是推陳出新，頗有創意。在炎炎夏日的午後，一個小朋友啃著她的蘋果，迎向美美走過來，不經意的說：「好甜喔！」美美告訴她：「我告訴你喔！我家的蘋果比你手上拿的更大更甜，我家的蘋果比你的頭還大呢！」

三、虛擬情境，期待讚美的謊言：讚美宛如香味撲鼻的鮮花，令人頓時神清氣爽，精神百倍，對小朋友而言，更能經由大人的讚美，肯定自我的價值。於是，孩子可能爲了得到讚美，滿足父母的期待而說謊。

例：小芳知道每次考滿分時，媽媽總會滿心歡喜，在大庭廣眾的面前讚美小芳一番，這種感覺棒極了。可惜這次月考，因爲一時粗心大意，只考了九十五分。

放學後，媽媽迫不即待的問小芳：「月考考得怎樣？」小芳眨眨眼睛，口是心非的說：「媽媽，我考一百分耶！全班只有我考一百分喔！」

四、設身處地、具同理心的善意謊言：當孩子逐漸成長，並學習與人際互動的過程中，透過內在語言及良知的內化，逐漸能設身處地爲別人著想，知道「己所不欲，勿施於人」及「將心比心」的道理，爲了不傷害對方，往往只能隱藏實言，爲取悅對方而說謊，此種謊言最大的特點在利他而非利己，其動機是出於善意。

例：小東一向不善言詞，口才遲鈍，爲了準備說話課的笑話，準備多時，終於鼓起勇氣說出來，終究是結結巴巴、詞不達意、不知所云。

下課後，小東問好友小王：「我的笑話講得如何？」小王回答說：「好極了！你表演得眞棒，我聽了捧腹不已呢！」

五、保護自己、逃避懲罰的謊言：依照郭爾保的道德判斷（張春興，1994），九歲以前的兒童大多處於避罰服從及相對功利的階段，爲了逃避懲罰，孩子有時會爲自己的疏失找尋藉口。

例：都都的回家功課沒寫完，他擔心老師會予以處罰，所以當老師問起回家功課時，都都回答說：「老師，我昨天沒有發到作業簿，所以沒辦法寫功課。」都都企圖將沒寫功課的責任推給老師。

六、積非成是，永不認錯的謊言：當孩子發現其他小朋友因爲犯錯說實話而受罰，自己只要不承認所做的事，大人在無具體證據下即不予懲罰，長此而下，容易養成習慣，只要有人責怪自己，就堅持沒有做過。

例：莉莉看見哥哥吃飯不專心，把碗打翻了，哥哥承認錯誤之後，被爸爸打了一頓。有一天，莉莉在客廳裡奔跑，不小心把花瓶打破了，爸爸回家一看心愛的花瓶打破了，生氣的說：「小莉，是你打破的嗎？」莉莉顫抖的說：「不是我，我不知道是誰打破的，我一回家就看到花瓶打破了，眞的不是我做的。」爸爸找不出打破花瓶的孩子，一頭霧水，莉莉逃過了懲罰，覺得此招管用，以後無論是犯了什麼過失，都義正詞嚴的大聲說：「我不知道，眞的不是我做的。」以爲只要不認錯，大家就不會責怪她。

參、兒童說謊時的因應之道

了解上述的說謊類型，可以知道謊言並非全都不好，善意的謊言是可以接受的，所以父母應改變對說謊的看法，避免一聽到說謊，就反射性的認爲不好，而應觀察是何種模式的謊言，孩子說謊的動機大多是出於保護自己的自然行爲，所以應該探討的是其背後的原因，父母應有的態度是：

一、責備及嚴懲並不能解決問題：了解孩子說謊的訊號，並以適當的方式因應，才是父母的責任（陳蒼杰譯，1994）。

二、重視孩子努力的過程而非結果：期待讚美的謊言往往發生在想討父母歡心，期待被肯定的孩子身上，這些孩子通常心思細膩而敏銳，可以了解父母的心意，知道父母得知他擔任班長或考一百分會雀躍不已，但是現實生活中，又不能盡如人意，於是以謊言來換取父母的讚美和疼愛。

父母在發現孩子這類的謊言時，應重視孩子努力的過程而非結果，即使是一件小事，只要孩子全力以赴，就值得嘉許；雖未能考滿分，只要有進步，就值得鼓勵，時時告訴孩子學習的過程中，成功是喜悅的，即使失敗了也不要緊，父母的愛不會因此而減少。

三、學著相信孩子，不要像檢察官終日詢問：當父母發現孩子會說謊，多半人心惶惶，擔心孩子變本加厲，卻又無法隨時錄音存證，只有不斷詢問，結果讓孩子心生恐懼，原本無話不說的孩子變得敷衍了事，不敢多說話，唯恐遭受責罵，已害無益。所以父母在了解孩子的謊言及動機後，應調適自己的行爲模式，加強親師溝通與聯繫，孩子的謊言自然無所遁形，若一味對孩子緊追不捨，一再逼問，只會使親密的親子關係疏離。

四、充分尊重孩子的意見，互相交流後再決策：父母建立了權威的命令關係，使孩子絕對服從的情況下，孩子就會爲了免於受罰而說謊。所以，以民主開放的方式，聆聽孩子的聲音及意見，彼此溝通協調，孩子會因自己的選擇而全力以赴。

五、坦然接受孩子，指正時強調行爲態度而非否定人格：強強沿路踢著石子，悶悶不樂、心事重重的樣子，腦海裡不斷浮現著媽媽的怒吼：「你真是個沒用的孩子，考六十分也敢騙媽媽考滿分，真討人厭！」強強越想越害怕，遲遲不敢回家，怎知媽媽心急如焚，孩子外出玩耍怎麼還不回來，殊不知怒火攻心的一句氣話，彷彿利刃傷了孩子幼小的心靈，其實媽媽只是討厭孩子說謊的行爲，而不是討厭孩子，若是傳達訊息不正確，傷害力很大。

六、培養孩子自信心，才有說實話的勇氣：老師及家長應時時灌輸孩子「人非聖賢，孰能無過，知過必改，善莫大焉」的觀念，當孩子犯錯時，隨時機會教育，告訴孩子「解決問題最好的辦法，就是說實話」，並且在孩子坦承認錯時，能真心原諒，如此一來，孩子就不會因犯錯而不敢說實話。

肆、結語

無盡的愛、適當的堅持、無悔的包容與充分的尊重是父母教養孩子的不二法門，在性善論與性惡論爭論不休的今日，我們應相信孩子的良知良能正如肩膀上的兩盞燈，引導他爲人處世的準則與方向，而父母與師長的諄諄教誨與聲聲叮嚀，讓彷彿凜冽狂風的外在環境污染不能把心燈吹熄，孩子反能因而明辨是非曲直，心燈日益成長茁壯。

孩子社會化的過程中，說謊行爲是無可厚非，善意的謊言及幻想性的謊言是無傷大雅的，危險性及動機不良的謊言則需提高警覺。當孩子說謊時，父母往往焦慮擔憂，然而從另一個角度想想，能及早發現孩子問題的所在，探討孩子的需求及謊言背後所釋放的訊息，打開孩子的心結，未嘗不是一件好事？不知道問題所在並不代表沒有問題，勇敢面對並找出解決問題的方法，才能幫助孩子健全的成長。

柏拉圖曾說：「萬事最重要的是開端，幼小的孩子最具有彈性，他們能否成為我們的期待和希望，端視這段期間的努力」，孩子的年紀雖小，可塑性很大，只要父母師長同心協力，假以時日，孩子的謊言問題必能迎刃而解。

第十章

親子關係

壹、前言

翻開報紙、打開電視，所見所聞莫不令人怵目驚心，身為父母的你，不禁擔心孩子會受環境的污染而學壞嗎？工商業的繁榮與進步，造就台灣的「經濟奇蹟」，然而忙碌的工作及競爭的壓力，是否也令你深感自己如同蠟燭兩頭燒，對孩子深覺心有餘而力不足？教養的過程中，面對孩子突如其來的問題行為，你是否感到錯愕而難以置信，不知道自己該如何因應？父母是一輩子的事，要教養出樂觀進取、積極自信、身心健全的孩子並非一蹴可幾，唯有透過適切的理念、態度及管教方式，才能開啟孩子心靈的視野，引導他們走向幸福快樂的人生。

童年時光在人生的旅途中應是充滿多采多姿的扉頁，有父母親情的滋潤，兄弟姊妹友情的包圍，師長耳提面命的關懷與呵護，共同灌溉孩子幼小的心田，期待小樹的成長與茁壯。然而，隨著時代的進步、工商業的發達，孩子的物質生活水平日漸提升，但是精神生活卻未必同步成長，因為不愉快的親子關係，造就不良的互動模式，在不適當的管教方式之下，往往使得孩子的心靈，呈現一團迷霧，在視野朦朧之間，找不到未來的出路。

孩子的問題行為，為家長帶來嚴重的困擾。在千奇百怪的問題行為中，卻也發現孩子的動機無非是想吸引父母親的注意。

所以阿德勒（Adler）以爲孩子是最敏銳的觀察家，他們的眼睛像攝影機，卻是最差勁的解釋者，當孩子疑心有別人更受寵愛，他們會很敏感，開始千方百計的想奪回自己的地位。孩子從嘗試錯誤中建構其因應外在世界的模式，形成個人的生活法則，並且不斷在生活中得到增強，此套經驗法則就形成個體的「個人邏輯」（private logic）（Dreikur, 1973），健康的個人邏輯引導孩子自制、自信、有禮貌、能分享，樂於學習、積極進取，錯誤的個人邏輯則容易混淆孩子的價值觀，顛倒黑白，是非不分。

貳、不正確「自我邏輯」的成因

造成孩子錯誤的「個人邏輯」，往往和父母的教養方式有關，現代父母生育的子女不多，將孩子視爲掌上明珠，百般的疼愛與呵護，有時卻用錯時機或方法，反而造成孩子偏差的自我解讀，造成孩子不正確的「自我邏輯」，筆者依據教學中與家長的互動經驗，將不正確「自我邏輯」的成因歸納如下：

一、在不適當的情境下給予注意

每當小孩一做錯事，父母便開始花時間在孩子身上，孩子就是喜歡有人注意他，而全世界他最在意的人就是爸爸媽媽，所以他要爸爸媽媽注意他，此時孩子可能會不計行爲的好壞，只要能帶來父母親的注意就好。

媽媽晚一點去學校接小豆子，卻看到他火冒三丈在和同學吵架，這時，媽媽心想自己從小一直在父母威權的世界長大，不要重蹈覆轍，加上平常工作又忙，和孩子的互動機會不多，所以要在孩子需要的時刻給予溫暖和支持，於是媽媽輕聲問道：「小豆子，怎麼了，看你氣得面紅耳赤，是誰得罪你了，快告訴媽媽。」小豆子侃侃而談事情的經過之後，媽媽又心疼地說：「那孩子真不講道理，怎麼能搶人家的球呢？」媽媽認為自己站在小豆子這一邊，必然能平撫孩子的怒氣，也覺得自己充滿愛心的做法是正確的。然而，小豆子在學校的偶發行為卻開始層出不窮，每天都會與人吵架、打架，讓她快要失去耐性，不知道為何在孩子犯錯時，自己投入了這麼多的心力，孩子和同儕間的衝突卻一再發生？

但在孩子的「自我邏輯」中，看到平日話不多的媽媽，在自己犯錯的時候，非但沒有責難，反而傾聽與支持，這個行為（和別人打架）得到了一個好的迴響（從媽媽身上得到陪伴和安慰），因此這個行為便值得做下去，不合理的邏輯便由此而生。

日本教育學家對孩子的教育，秉持的原則是「一分鐘懲罰，一分鐘沉默，一分鐘親吻」當孩子犯錯又不聽勸告時，父母應減少注意力及時間於孩子的哭鬧，給他們時間冷靜下來，之後若是孩子能勇於認錯，再予以讚美，並說出孩子的缺點及父母的期望，讓孩子更加明辨是非。倘若孩子一發脾氣，父母就心痛不已，讓孩子了解控制父母、贏得注意的方法，必然屢試不爽，父母也就陷入痛苦的紛爭之中。

如果父母親以為鼓勵孩子任意發洩他們的怒氣，孩子會自然而然發展出甜美、可愛的態度，這充滿天真的「諒解政策」，可能引導孩子成為具有反抗性、蠻橫無理的青少年，唯有透過「教導」，才能改善孩子的問題。

二、在不適當的情境下給予增強物

增強物的給予，應聯結正確的行為，若與錯誤的行為相聯結，則易產生錯誤的「自我邏輯」。

每當上街時，總會看到孩子在玩具店前吵著要買玩具，許多家長不堪其擾，只得掏腰包買給孩子，也有些家長礙於顏面，覺得難為情之下，就拿錢買玩具給孩子。家長們共同的困擾是：下次再經過玩具店時，孩子又開始吵著，而且變本加厲的哭鬧，一定要再買玩具。因為吵著買玩具的行為，得到了一個滿意的後果（買到心愛的玩具），所以孩子產生了一個錯誤的邏輯，只要大吵大鬧，就可以得到玩具。同樣的，每次在孩子生氣時，父母給的一支棒棒糖，也做了錯誤的示範，增長了孩子下一次衝突的發生。

當孩子哭泣或在地上打滾，吵著要買玩具時，父母應抱持毅然決然、堅持到底的心態，明白告訴孩子為什麼不可以，當孩子知道即使哭泣、耍賴、吵鬧都得不到想要的玩具，就不會再用這個方式了。

三、替孩子做得太多

有時適度的挫折可以幫助孩子成長，過度保護下被寵壞的孩子，不是驕傲且目中無人，就是一事無成，凡事得靠人打點一切。現代父母應在孩子跌倒的時候，不要急著去扶她，讓她自己爬起來，傷口或許有些痛，卻也讓她知道，下一次該如何讓自己走得更穩健。

小寶是爸爸媽媽的獨生子，他一向茶來伸手，飯來張口，連刷牙、洗臉的小事都要媽媽代勞，因爲所有的事都能隨心所欲，所以小寶認爲每一個人都應該順從他的心意，當學校的小朋友不聽他的指揮，小寶就會十分氣憤，因爲目前的情勢與他所認知的自我邏輯「人人都應該聽我的」開始矛盾。其實，在千變萬化的社會裡，一個依賴性強，缺乏挫折忍受力的孩子，宛若溫室裡的花朵，稍有風雨，就禁不住考驗。

四、父母的管教態度不一致

面對父母自相矛盾的兩種管教方式，孩子往往會投靠對自己有利的一方，於是父母親的戰爭於焉展開，孩子則夾在隙縫中生存，卻也落得輕鬆自在，這類家長習於將子女的問題行爲解讀爲對方的疏失，其實問題就出在兩人管教態度的不一致，使孩子無所適從。

小莉是爸爸媽媽的掌上明珠，所以父母從小對她呵護有加，然而面對她時常出現偷竊、亂發脾氣的行爲，爸爸堅持要依循自家傳統，予以嚴厲處罰，媽媽則心疼不已，主張柔性勸說，彼此僵持不下，所以每當孩子犯了錯，爸爸正準備要處罰時，媽媽則在一旁威脅報警，小莉則躲在媽媽身後，靜靜地注視這一場暴風雨的到來，然而媽媽的愛女心切，卻沒有得到善意的回報，取而代之的是孩子層出不窮的罵人、打架或傷害同學事件，每次的犯錯，小莉都能夠全身而退，因爲她知道爸爸用了一套管教方式，媽媽用的是另一套，所以她總是能夠找出聰明的辦法來鑽漏洞，「投機取巧，找人依靠」便成爲她錯誤的自我邏輯。

由此可知，父母的管教方式應該一致，如果有所衝突，也應該關起門來互相討論以達共識，讓孩子看到一個協調一致的意見，可以減少未來可能發生的困難，有一項研究探討家庭教養方式和子女侵犯性之關連的調查，發現父母不一致的訓練跟學齡兒童高度侵略性有極高的相關，顯示對教養方式常起衝突的父母，可能會帶出一個具有嚴重侵略性的孩子。

參、教養子女應具備的理念

父母的愛如春風般沐浴人心，孩子燦爛的笑容溫暖著父母的心，孩子純真的面容更讓父母忘卻身心的疲憊，然而，在父母「愛的教育」下，家庭中仍見小霸王，不禁令人質疑「愛的教育」是否過於理想化？其實「愛的教育」並非一味縱容，而是要透過適切的管教及良性的互動來了解孩子的心理狀態及需求，當父母發現孩子的問題，其實是日積月累而形成，爲彌補過去的缺失，要想辦法解決，必須付出耐心和愛心，持之以恆，才能有所成效。

教養子女應具備的理念，可就獎勵機制、教養方式及輔導活動三方面加以探索。

一、獎勵機制

處罰往往讓孩子以爲做父母就可以呼來喚去、頤指氣使，也讓孩子在心裡吶喊：沒關係，下一次我一定要贏回來。所以懲罰雖能收一時之效，卻可能引發更不良的後果。鼓勵優於懲罰才是不變的真理，獎勵、鼓勵、讚美加上適度的管教，可以增進孩子的信心和勇氣，是孩子未來成功的原動力。

許多書中皆認爲獎賞可能引發孩子做事的動機，卻很容易培養「追逐胡蘿蔔的驢子」，讓孩子每次做對事情，都只是爲了要追求獎賞（丁雍嫻譯，1995），過度的獎賞，確實可能使孩子的胃口越來越大，父母要奉獻的物品越來越多，卻永遠填不滿孩子的私慾。

然而，回憶孩提時代，父母的讚美與獎勵卻使我們雀躍不已，孩子畢竟只是孩子，不可能立刻學會自動自發，我們仍免不了要採用獎賞作爲暫時性的「昇華劑」，獎勵只是方法而非目的，讓孩子從中自我肯定後，才能進一步自我成長。但在運用獎賞時，應注意以下之原則：

㈠獎賞應以次級增強物為主，培養孩子「延宕滿足」的耐性

以食物、玩具、金錢的原級增強物來獎賞，易使孩子想要立即獲得滿足，無法培養耐心及毅力，運用獎卡等代幣制度，才能培養孩子享受「延宕的滿足」。

丹尼爾・高曼在其舉世聞名的著作《EQ》中舉出一個「延宕滿足」的糖果實驗，實驗是對一群五歲的孩子施測，問他們願不願意等待一節課，如果他們願意等，就可以得到五顆糖果，如果他們不願意等，就只能拿到一個糖，實驗結果發現大多數孩子蜂擁而上去拿糖果，少數幾個孩子或坐或睡的忍耐，結果拿到五顆糖，實驗的後續研究發現，這些願意等待的孩子長大後較其他小孩更有成就，由此可見「延宕滿足」的重要性。

㈡事先約法三章，外在酬賞以「內在動機」為原動力

父母在獎賞之前，應先對孩子說明「自動自發」的重要性，把事情做好是爲自己負責的表現，而非爲了獲取獎賞，若孩子以此表現出「威脅」或「自私自利」，父母有權收回獎賞。

小美第一天主動幫媽媽打掃房間，所以媽媽送給她一張獎卡，第二天，媽媽一回家便看到房間煥然一新，顯然小美今天又用心的收拾，媽媽正想誇獎小美時，小美卻說：「我今天把房間打掃好了，你還不趕快給我獎卡！」此時，媽媽不應給小美獎卡，因爲她並非出於主動幫媽媽分擔家務的出發點，而是自私自利的想法，所以不值得獎賞。

㈢先以「連續性增強方式」建立良好習慣，進而採用「間歇性的增強方式」減低對獎賞的依賴性

孩子剛開始的良好表現，可以每次都予以增強，當孩子已逐漸養成習慣，則應該循序漸進的撤回外在酬賞，以讚美、鼓勵來提高孩子的內在動機。

㈣避免「過度酬賞」的效應

面對孩子原本很有興趣的活動，應避免予以獎賞，在過度獎賞的情境下，會使孩子以為自己熱中於此活動僅是為了獎賞，而非內在的興趣。

㈤多給孩子讚美和鼓勵，鼓勵比讚美更有用，可以增進信心和勇氣

當孩子好的行為已漸漸養成習慣，則應減少獎賞，多給孩子鼓勵與讚美，阿德勒派心理學家 Rudolf Dreikurs 曾說：「孩子需要鼓勵，就像植物需要水一樣。」鼓勵會使孩子感受到愛的能量，讓孩子學會肯定自己的潛能（Dreikur, 1973）。

鼓勵和讚美不同，讚美就像芬芳撲鼻的香水，當孩子受到讚美時，會覺得神清氣爽，精神為之一振，久而久之，也會懂得以欣賞的角度來看待周遭的人事物。

鼓勵則是強調積極的一面，在孩子有進步時就出現，讓孩

子更能接納自己，例如：「這次投籃進了四個（強調積極），比上次多進了兩個（強調進步），你很用心喔！」（鍾思嘉，1993）

許多父母在孩子考一百分或得第一名時，給予孩子讚美「你考第一名，真棒」，孩子開始兢兢業業，要再考一百分或第一名，得到下一次的讚美，往往在不知不覺中落入非勝不可、重視結果、自我中心的窠臼，變成了自私自利的「表現目標」取向者，反過來說，倘若孩子考得好時，父母能以另一種態度來說：「孩子，考試的目的在了解自己的學習情況，你很努力的學習，所以得到好的成績，媽媽覺得很高興。」強調過程而非結果的方式來鼓勵孩子，才能激發孩子的勇氣。

鼓勵和讚美能幫助孩子由他律走向自律，但是不要凡事比較，將孩子互相比較，只會製造彼此的紛爭，破壞家庭氣氛，畢竟每一個孩子都是獨一無二的，讚美和鼓勵可以幫助孩子改善自己的缺點，增強自己優點。

鼓勵的終極目標是經由獎勵、讚美和鼓勵，幫助孩子「自我肯定」、「自我成長」進而「自我激勵」，也就是做好一件事的時候，即使沒有別人的獎勵與讚美，孩子卻能給自己最大的掌聲，逐漸充滿自信，提高自我效能。

二、教養方式

許多父母工作勤勞刻苦，對孩子的照顧也是無微不至，然而卻教養出好逸惡勞、行爲懶散的孩子，他們不禁納悶：提供那麼好的環境，讓孩子學習，本身的身教也不差，爲何孩子的行爲會偏差？

身教和言教其實正如一體之兩面，彼此應相輔相成，才能相得益彰。現今的父母，對孩子呵護倍至，捨不得打、捨不得罵，甚至捨不得說，任何大小事物，不假孩子之手，多半自己動手，卻造就了「萬能父母，無能子女」的處境。

小霸王不可能自然長成天使，我們想要孩子走上沉穩、誠實、上進的人生之路，這條路上或許會有許多荊棘和叢生的雜草，遮擋了孩子的視野，蒙蔽了孩子的心，他們很難獨立的選擇並走上正確的路，因爲旁邊有太多權力、聲色娛樂、壞朋友等陷阱讓他們分心，因此，身爲父母的你，唯有透過適切的「教導」，才能將幫助孩子，建立正確的價值觀。

如何教養孩子，以下提出四項建議：

㈠父母要言出必行，堅持到底

孩子是天生的權力爭奪者（黃淑俐譯，1999），總會想盡各種理由來吸引大人的注意力，阿德勒稱此爲目的行爲，有的孩子選擇乖巧聽話來獲得掌聲，以滿足其心理需求，有些孩子則是以破壞性、不合作的行爲來引起父母的注意，並企圖主導父母，測試父母的底限究竟是在哪裡？

這類孩子的父母常是管教方式不一、過度溺愛或是教養方式不對，使他們對孩子的問題十分困擾，於是開始正視到孩子的無理取鬧，覺得常此以往不是辦法，企圖將情勢加以改變。

媽媽忙著煮飯做家事的時候，小保就會故意跑去庭院裡玩泥巴，弄得一身髒亂回家，媽媽一再三申五令，孩子還是依然故我。有一次，媽媽覺得忍無可忍，火冒三丈的說：「下一次，你再玩得一身泥巴回家，我就一個禮拜都不理你！」

媽媽提出了嚴重警告，以爲七歲的孩子應該知道收斂，沒想到孩子還是去弄得一身髒回家，媽媽很生氣，決定不理小保，傾刻間，屋內一片寧靜。

小保安靜了一會兒，又開始叫媽媽，「我肚子好餓，我還要再吃飯。」小保一旁觀察，媽媽果然送上剛收回去的晚餐，心裡竊笑，「我還要喝水。」媽媽又送上一杯水，看到媽媽還是那樣那麼在意他，小保開始找藉口說：「媽媽，我本來不想去玩泥巴，可是我看到花盆裡有一隻蚯蚓死了，就把他埋葬，所以才會弄髒的。」媽媽聽了，笑一笑說：「小保，原來是這樣，你好善良，真是有愛心。」

談笑之間，小保發現他又去玩泥巴，媽媽也沒處罰他，於是他學到一個錯誤邏輯：原來只要找到充分的理由和藉口，就可以爲所欲爲。

孩子都會犯錯，犯錯後他們會睜亮眼睛來看父母的反應，如果父母的態度是堅決且言行一致的，孩子就會學著修正自己，避免受罰；如果父母的處理是猶豫且言行不一的，孩子也會學著討價還價，一再挑戰父母的極限，所以「威宜自嚴而寬」，父母所規定的原則，要真正落實，才能使孩子心悅誠服。

㈡了解孩子的目的行為，不做孩子耍脾氣的聽衆

前述提到孩子的目的行爲多半是爲吸引注意或爭取權力，其中最令人頭痛的孩子，莫過於「愛發脾氣」的小孩，當父母了解孩子的出發點，就不應聞雞起舞，以「消弱忽視」的策略，讓孩子失去無理取鬧的聽眾，是最有效的策略，反覆的嘮叨、打罵，或許會助長孩子不惜以傷害自己的方式來爭取大人的注意。

許多孩子走進百貨公司，看到自己鍾愛的神奇寶貝，又開始大吵大鬧，要求父母非買不可，以下我們來看一看四位家長對同一偶發事件的因應。

小強的爸爸很好面子，爲了怕被人笑，只好一口答應；小杰的爸爸看到孩子在地上耍賴，氣憤不已，當場給他一記耳光；小博的媽媽在一旁苦口婆心的勸告著：「不要再哭了，快點起來！上次你答應媽媽，那是最後一次買神奇寶貝的玩具了，今天不能再買了，好不好？媽媽拜託你，快點起來好不好？」小丁的爸爸看著在地上哭鬧的孩子，對他說：「上次已經說好買玩具的原則，爸爸會說到做到，希望你也別忘記我們先前的約定，加油！」

最後小強得到玩具很高興，心裡想：原來哭鬧真有用，下一次還要再用這一招；小杰沒買到玩具又挨打，心情很沮喪，口服心不服，內心很受傷；小博哭了很久，媽媽還是買玩具給他了，他決定下次要堅持到底，哭得更大聲更久，才能心想事成；小丁哭了一下，看到爸爸走了，真正的觀眾已離席，好戲

也演不下去，連忙擦乾眼淚跑去找爸爸，心裡想：這招不靈光，下次還是按照規矩來。

聰明的家長，您會選擇哪一種做法呢？

㈢與孩子共同訂立家規，給孩子選擇的自主性，以培養責任感

訓練孩子責任感的基礎就在家庭，父母必須學著讓孩子爲自己的決定負責。許多父母總是不斷的勸告、提醒，希望孩子學會自動自發，然而夢想卻一再落空，因爲長期的疲勞轟炸，已經讓孩子覺得習以爲常，不再具有效用。所以父母應與孩子共同訂立家規，在彼此同意、相互尊重的基礎上，訂立明確的規定，給孩子選擇的機會，當他選擇不盡責任，就應該剝奪某些權利。

「給零用錢」也是一個培養孩子責任感的時機，父母應事先說明每一個人都是家庭中的一份子，各自有應盡的責任，以條列方式，讓孩子依照自己的能力來選擇可以分擔的家事，孩子若能履行，父母才能發給孩子零用錢，如果偷懶未盡責任，則予以扣除，讓孩子從中學習「爲自己負責」，才能因應未來的社會。

㈣給孩子改過自新的機會

孩子雖觀察力敏銳，卻缺乏高瞻遠矚的識見，所以犯錯是常有的事。在某些情況下，提供孩子機會，讓他能積極的彌補

過失，也是非常重要的。

爭吵的時刻，如果孩子願意承認自己有錯；當媽媽的錢被偷，如果孩子願意承認自己偷錢，在渾沌不明的時候，願意承認自己的錯誤，是需要極大的勇氣，在認錯的同時，也可以增強自己「不要再犯」的信念，所以是值得嘉許的。

爲人父母者應切記，當孩子已經認錯，願意接受行爲後果的同時，他就可以擁有一個全新的開始，倘若父母還舊事重提，細數舊帳，會讓孩子覺得自己在父母心中已經定型，無法改變，完全絕望的情形下，孩子更容易變本加厲，結果就形成了「自我應驗」。

三、輔導活動

在孩子未知的人生旅途中，父母扮演著「嚮導」的角色，透過良好而適切的引導，可以讓孩子在迷惑的十字路口找到方向，穩健的迎向美麗人生。

Rogers 強調「無條件的愛」最真誠可貴，永駐人心，所以愛的薰陶，恰似源頭活水，是取之不盡、用之不竭的力量，可以鼓舞孩子徬徨不定的心，健康勇敢的面對人生，所以父母在管教的同時，不要忽略愛的傳遞與表達。

「望子成龍，望女成鳳」是父母親深切的期許，孩子在穩定的情緒下，踏出的步伐更穩健，如何幫助孩子擁有情緒管理的能力，則需透過「輔導活動」來加強。

㈠積極傾聽，釋放「我」的訊息

根據調查顯示，目前台灣父母最常和子女說的三句話是「你還不快點起床！」、「你還不快點吃飯！」及「你還不快點睡覺！」，充滿「你」的訊息，這種缺乏尊重的語氣很難讓孩子體會到父母的關愛；唯有以相互尊重爲前提，讓談話內容同時兼顧父母和孩子的自尊心，才能引起孩子的共鳴，所以父母即使是不同意孩子的表現，也不可以否定孩子的本身，說出「媽媽希望你在洗碗的時候，動作要輕一點，就不會摔破碗了」來取代「真是一個沒用的孩子，洗個碗都洗不好。」這種負面的說法。

許多父母都以爲任何事情只要不厭其煩的教導，孩子就能完全的理解，其實這是一種神話，因爲孩子的思考方式並不成熟，一味地教導孩子，卻不去觀察孩子接受的程度，父母再多的辛勞可能也是徒勞無功，所以父母接導孩子時，要適時的聆聽孩子的聲音，了解他們的看法，並力求找出矛盾之處，打開孩子的心結。

㈡睡前說故事

世界童話之祖——貝洛爾曾說：「一則童話如同一顆種子，最初激發的僅僅是孩子們喜悅或悲傷的情感。可是，漸漸地，幼芽便會衝破種子的外皮萌芽、成長，並開出美麗的花朵。」可見童話故事可以凝聚人類經驗，提供孩子一個想像的空間，潛移默化中影響孩子的行爲和觀念，陶冶其心性。

所以現代父母在忙碌之餘，和孩子一起分享一段溫馨的睡前故事，陪伴他們進入甜美夢鄉，無形中就拉近彼此的距離。

㈢善用「隱喻」來解決問題

當孩子漸漸長大，對父母的話也許不在言聽計從，此時若父母一味的嘮叨、提醒或勸告，有時反而適得其反，激起孩子更大的反抗，所以聰明的父母會試著想辦法讓孩子主動的力求改變。

對一個自卑的孩子，給他一些鄭豐喜、海輪凱勒的自傳可以激發他的鬥志及自信心，相信「天下事，別人可行，我也一定做得到」；對一個憂鬱型的孩子，念一首周大觀的「我還有一隻腳」，會讓他感覺到生命的可貴，以下舉例說明「隱喻」的妙用。

小美對媽媽的態度很差，她總是嫌媽媽煮的菜難吃，她覺得對面小玉的媽媽比較好，因爲小玉的媽媽總會給小玉買五顏六色的新衣和五花八門的玩具，讓她覺得好羨慕，真想成爲別人家的女兒。

小美的媽媽了解小美怎麼數落也不聽的個性，於是嘗試著用另一種方式來「暗示」孩子，在小美睡前，對她說了一個床前故事：

從前，有一個老爺爺，他養了好多條狗和一隻小野貓小花，他每天都很用心的照顧這些寵物們，把牠們當作自己的兒女，大家在一起都很開心。

但是小花並不開心，因爲牠看到隔壁有錢人養的貓都吃著進口的魚罐頭，住在主人特製的貓屋裡，看起來優雅又高貴，比起自己每天只吃一成不變的魚拌飯，住在低矮潮濕的破房子裡，簡直是天壤之別。

有一天，小花告訴狗哥哥：「我要去過好日子，我是這麼美麗的貓，才不要過這種苦日子。」不顧狗哥哥的勸告，小花趁著老爺爺出去工作的時候，偷偷潛入有錢人的家，牠以親切的態度和有錢人家的波斯貓打招呼：「嗨！你們好，我是小花。」沒想到波斯貓都用很鄙視的眼神看著牠，一點也不歡迎牠。

到了下午，有錢人回來了，小花連忙過去搖搖尾巴，希望新主人會喜歡牠，但是有錢人看了小花一眼，卻生氣的破口大罵：「哪裡來的野貓？不要弄髒我家的地毯，還不趕快滾出去？」說完有錢人揮動著掃把要打小花，小花嚇得魂不附體，連忙衝出門外。

可憐的小花被趕走後，一個人走在大街上流浪，肚子餓了只得翻路邊的垃圾桶尋找食物，吃一些又酸又臭的食物，還不時的會被外面的大野貓欺負。牠突然想起和藹可親的老爺爺，心中十分後悔，但卻不敢回家，深怕老爺爺會生氣，不再理會牠這隻愛慕虛榮的貓。

有一天，牠走在馬路邊，忽然看到自己的照片，
原來是老爺爺貼的「尋貓啓示」，小花看了好感動，
原來老爺爺還是這麼愛牠，四處貼告示尋找牠。

幾天的床前故事後，有一天，故事說完，小美卻低著頭若有所思，媽媽問小美：「怎麼了？」小美說：「媽媽，對不起。」

㈣退出孩子的戰場，提供反省的機會

兄弟姊妹的爭吵，時常弄得全家雞犬不寧、雞飛狗跳，父母也不免大發雷霆、火冒三丈，於是媽媽可能會說：「你是姊姊，應該要讓弟弟，怎還和他一般見識。」這句話聽在姊姊的耳裡，猶如芒刺在背，心裡想：媽媽真不公平，老是偏袒弟弟。

這樣的場景，看起來非常熟悉，因爲它幾乎每天會在家庭中上演，但是父母往往並未親眼目睹衝突的經過，若輕易裁決孰是孰非，一旦判斷錯誤，恐將造成孩子內心不可抹滅的陰影。

因此，最好的方式並非作一個裁判者，而是做一個引導者，導引孩子走向正確的方向，啓發孩子善良的本性和反省的能力，先讓他們冷靜下來，各自想一想自己是否有缺失？若有不對的地方，就誠心誠意的向對方道歉，並感謝對方的指正，使自己更臻美好；若反省後發現自己並沒有錯，也能原諒別人，從孩子口中自己承認的錯誤，才能讓他心悅誠服，父母來裁決孰是孰非，往往引起孩子更大的反彈。

㈤鼓勵兄弟姊妹間建立良好的合作關係

當第二個孩子出世後，母親很自然的會把目光聚焦在老二身上，而忽略了老大，此時，如果老大想摸摸妹妹可愛的臉龐，通常也會遭到大聲的駁斥：「不可以打妹妹的臉。」一時之間，老大感到自己的王位不保，便可能會痛恨妹妹這個外來者搶走母親的愛，姐妹的唇槍舌戰一旦展開，可憐的父母也永無寧日。

所以媽媽在懷老二時，就應該適時的給予老大機會教育，讓他聽一聽妹妹的心跳聲或唱一首拿手的歌曲給妹妹聽，從中建立孩子間的情感，老二出生後，更應加強老大的合作精神，不時的請他當小幫手，即使是幫妹妹抬抬腿，都可以促進彼此的情感交流，而且別忘了鼓勵與讚美，讓老大從照顧妹妹當中獲得肯定和保證，了解媽媽的愛不會因爲妹妹的降臨而減少。

㈥父母以身作則，提供良好的示範

班杜拉的觀察學習中，強調孩子在社會化的過程中透過模仿學習，尤其是重要他人的言行舉止更是影響深遠，以下舉兩則實例。

> 小華的爸爸時常叮嚀小華「紅燈停，綠燈行」，但是當他載小華去上學時，卻一直闖紅燈，小華不禁納悶：爸爸不是說紅燈要停下來嗎？他爲什麼一直闖紅燈？

小立在家裡經常亂丟紙屑，媽媽看了很生氣的喝止，小立卻噘著嘴說：「你還不是常常從車上丟紙屑在馬路上，爲什麼你可以做，我就不行？」

可見孩子的眼睛正如攝影機一般，將父母的一舉一動涉入腦海中，所以父母應以身作則，做孩子良好的示範，「說一套，做另一套」的父母，會讓孩子無所適從，不再相信父母的話。

肆、結語

「有什麼觀念，就會有什麼行爲；有什麼行爲，就會有什麼習慣；有什麼習慣，就會有什麼性格；有什麼性格，就會有什麼命運」可見學貴甚始，教導孩子正確觀念十分重要。

對現今的父母來說，大多對孩子寵愛有加，捨不得孩子受傷，其實適度的挫折反而是成長的原動力，但是家長看到孩子跌倒，很難忍著不去扶他起來，但只要再想一想，經過幾次的跌倒，孩子會走的更有心得、更加穩健；若是父母一再攙扶，孩子永遠無法獨立自主。

所以二十一世紀的父母，應相信「愛的教育」並非完全的縱容，而是有明確的限制和規則；也並非完全的控制，而要尊重孩子的自尊和情感，才能幫助孩子建立正確的人生觀。

俗語說「種瓜得瓜，種豆得豆」，在教養孩子的路上，雖未必全然如此，我們不能要求孩子讓我們事事順心，但是我們可以透過適切的方法，給孩子一個愛的環境，讓孩子在存養涵泳之間健全的成長。

參考書目

中文部分

丁雍嫻譯（1995）。**跌倒的孩子走得更穩**。台北：及幼。

王寵合譯（1996）。**如何培養健全的下一代**。台北：中國主日學協會。

王春展（1997）。專家與生手問題解決能力的差異及其在教學上的啓示。**教育研究資訊，5**（2），80-92。

王文科譯（1989）。**學習心理學**（Hergenhahn, B. R. 原著）。台北：五南。

王文科（1991）。**教育心理學**。台北：五南。

王笑東譯（2003）。**超強記憶訓練法**（布拉德‧喬伊斯原著）。台中：晨星。

呂英沖（2003）。**超級學習法**。台北：經典傳訊。

李耀仁（2004）。**輕鬆記憶**。台北：中經社。

李鵬安（2004）。**超級記憶術**。台北：大都會文化。

吳和堂（1995）。有聲思考在教育上的應用。**研習資訊，12**（3），14-19。

吳知賢（1994）。歸因理論及歸因再訓練的探討。**台南師院學**

報，27，1-29。

吳幸宜（1994）。**學習理論與教學應用**。台北：心理。

沈永嘉譯（1996）。**建立孩子自信心的三十個方法**。台北：世茂。

林清山（1992）。**心理與教育統計學**。台北：東華。

林清山譯（1992）。**教育心理學——認知取向**（R. E. Maye著）。台北：遠流。

林乾義、關爾嘉（2001）。**高階腦力學習法**。台北：關爾嘉大腦潛能。

林生傳（1994）。**教育心理學**。台北：五南。

林建平（1995）。學習動機的歸因輔導。**諮商與輔導，115**，42-45。

林明宜譯（1998）。**怎樣鼓勵孩子**。台南：大夏。

林進材編（1998）。**班級經營**。高雄：復文。

岳修平譯（1998）。**教學心理學**。台北：遠流。

范毓美（1994）。**怎樣避免溺愛孩子**。台北：新雨。

高源令（1996）。建立信心因應挑戰。**建中學報，2**，171-191。

唐偉成（1998）。**開發科學創造力之教學策略研究**。高雄師大教育研究所碩士論文。

孫志麟（1992）。教師自我效能的基本概念及其研究取向。**現代教育，25**，103-113。

孫志麟（1999）。教師自我效能：有效教學的關鍵。**教育研究資訊，7**（6），170-187。

孫易新（2003）**心智圖思考法**。台北：浩域。

梁茂森（1996）。魏納歸因理論之探研。**高師大學報，7**，101-126。

郭曉蓉（2004）。**聰明記憶王**。台北：小知堂。

黃光國譯（1991）。**自卑與超越**。台北：志文。

黃淑俐譯（1999）。**孩子聽你那一套嗎**。台北：愛家。

曾陳密桃（1990）。**國民中小學生的後設與及其與閱讀理解之相關研究**。政治大學博士論文。

張玉成（1993）。**教育思考與教學**。台北：心理。

張春興（1994）。**現代心理學**。台北：東華。

張春興（1996）。**教育心理學——三化取向的理論與實踐**。台北：東華。

張滿玲譯（1999）。**社會心理學**。台北：雙葉。

張憶壽譯（1978）。**怎樣解題**（坡爾亞著）。台北：長橋。

郭順利（1998）。班度拉的社會學習論及其在國中生教育上的應用。**教育研究，6**，375-386。

曾端真、曾玲珉譯（2001）。**班級經營與兒童輔導**（Rudolf Dreikurs, Bernice Bronia Grunwald, Floy C. Pepper 原著）。台北：天馬。

曾端貞（2004）。人乎？事乎？談兒童、家長與教師三贏的班級經營。**國民教育，44**（3），2-7。

許道然（1994）。社會學習論在管理上的運用。**人事月刊，6**，52-62。

施良方（1996）。**學習理論**。高雄：復文。

陳雪麗（1993）。影響「記憶與檢索過程」之要素及其關連性探討。**教育研究雙月刊，34**，53-57。

陳蒼杰譯（1994）。**看穿孩子的謊言**，台北：博覽。

陳文德（1996）。**點亮孩子的智慧明燈**。台北：遠流。

陳仁華譯（1994）。**如何教養出道德小孩**（Michael Schulman & Eva Mekler 原著）。台北：遠流。

常雅珍（1998）。**注音符號教學新法——精緻化教學法**。高雄：復文。

常雅珍（2003）。**初學作文新妙方——觀察學習＋心智繪圖**。高雄：復文。

楊淑萍（1995）。自我效能在認知技巧學習和生涯發展上的應用。**諮商與輔導，110**，20-25。

戴維思（2001）。**這樣學習最有效**。台北：如何。

戴保羅譯（1999）。**學習地圖**（Collin Rose & Malcolm J. Nicholl 原著）。台北：經典傳訊。

蔡金滿（1997）。**開啟記憶金庫**（Tony Buzan 原著）。台北：一智。

劉天祥譯（1997）。**超右腦革命**（七田真原著）。台北：中國生產力中心。

李幸紋譯（1997）。**全腦時代**（七田真原著）。台北：中國生產力中心。

葉重新（2000）。**心理學**。台北：空大。

羅素貞（1996）。問題表徵與問題解決。**屏東師院學報，9**，

161-175。

鄭昭明（1993）。**認知心理學：理論與實踐**。台北：桂冠。

羅瑞玉（1993）。班度拉社會學習論及其在生活教育上的涵義。**高市文教，49**，15-21。

鍾思嘉（1993）。**做個稱職的父母**。台北：桂冠。

鐘緯哲（2003）。**記憶勝經**。台北：愛迪生。

賴清標（1993）。魏納的歸因理論及其教育含義。**台中師院初等教育集刊，82**（1），70-90。

賴嘉凰（2000）。孩子的攻擊性是怎樣產生的。**父母親，3**（183），17-19。

蔡煒震（2004）。**MMS 記憶管理**。台北：商周。

英文部分

Ashton, P. (1984). Teacher Efficacy：A motivational paradigm for effective teacher education. *Journal of Teacher Education, 35*(5), 28-32.

Ashby, F. J., Isenm A. M., & Turken, A. U. (1999). A neuropsychological theory of positive affect and its influence on cogition. *Psychological Review, 106*, 529-550.

Atkinson, J. W. (1964). *An introduction to motivation*. Princeton, NJ: Van Nostrand.

Bandura A. (1977). *Social learning theory*. Englewood Cliff. Nj：Prentice-Hall.

Borkowski, J. G., Weyhing, R. S., & Carr, M. (1988). Effects of attributional retraining on strategy-based reading comprehennsion in learning-diisabled students. *Journal of Educational Psychology, 80*, 46-53.

Brookfield, S. D. (1995). *Becoming a critically reflective teacher*. California: Jossey-Bass.

Bruning J. H., Schraw, G. J., & Ronning, R. R. (1999). *Cognitive psychology and instruction* (3 ed.). NJ: Merrill.

Chase, W. G. & Simon, H. A. (1973). Percept in chess. *Cognitive Psychology, 4*, 55-81.

Corington, M. V. (1984). The self-worth theory of achievement motivation: Findigs and implications. *Elementay School Learing, 85*, 5-20.

Chase, W. G. & Ericsson, K. A. (1982). Skill and working memory. In G. Bower (Ed.), *The psychology of learning and motivation: Advances in research and theory*. (vol. 16, pp. 2-58). NY: Academic.

Chi, M. T. H., Feltorich, P. J., & Glaser, R. (1981). Categorization and representation of physics problems by experts and novices *Cognitive Science, 5*, 121-152.

Chi, M. T. H., Glaser, R., & Rees, E. (1982). Expertise in problem solving. In R. Sterberg (Ed.), *Advances in the psychology of human intelligence.* (vol. 1, pp.7-75). Hillsdale, NJ: Lawrebce Erlbaum Associates.

De Paulo (1992). Nonverbal behavior and self-presentation. *Psychological Bulletin, 111*, 203-243.

Dewey, J. (1910). *How we think.* Boston: D. C. Health.

Diener, C. I. & Dweck, C. S. (1978). An analysis of learned helplessness: Continous changes in performancce, strategy, and achievement cognitions following failure. *Journal of Personality and Social Psychology, 31*, 674-684.

Dreikurs, R. (1948). *The challenge of parenthood.* NY: Hawthome.

Dweck, C. S. (1989). Motivation. In R. Glaser & A. Lesgold (Eds.), In *The handbook of psychology and education.* Vol.1 (pp.187-239). Hillsdale, NJ: Erlbaum.

Ellen, P. (1982). Direction, past experience, and hint in creative problem solving. Journal of Experimental Psychology: *General, 111*, 316-325.

Elliott, E. E., & Dweck, C. S. (1988). Goals: An approach to motivation and achievement. *Journal of Personality and Social Psychology, 54* (1), 5-12.

Fredrickson, B. L. & Branigan, C. A. (2000). *Positive emotions broaden action urges and the scope of attention*. Manuscript in preparation.

Folkes, V. S. (1978). Causal communication in the early stages of affiliative relationships. Unpublished doctoral dissertation, University of California, Los Angles.

Gick, M. L. & Holyoak, K. J. (1987). The cognitive basis of knowledge transter, In S. M. Cormier & J. D. Hagman (Eds.), *Transfer of learning. Contemproary research and application.* (pp. 9-46). San Diego, CA: Academic Press.

Glass, A. L., Holyoalc, K. J., *Cognition*, MA：Addison-Wesley.

Good, T. (1980). Classroom expecation: Teacher-pupil interactions. In J. H. McMillan (Ed.), *The social psychology of school learning* (pp.70-122). *New York: Academic.*

Kahney, H. (1993). *Problem solving*. Buckingham: Open University.

Haediman, P. T., Dufresne, R., & Mestre, J. P. (1989) The relation between problem categorization and problem solving among experts and novices. *Memory and cognition, 17*, 627-638.

Hayes, R. (1989). *The complete problem solver*. Hillsdale, New Jersey: Lawrence Erlbaum Associate.

Hayes, J. R., (1980). Teaching problem-solving mechanisms. In D. T. Tuma and Reif (Eds.), *Problem solving and education: Issues in teaching and research*. (pp. 141-147). Hllsdale, NJ：Lawewnce Erlbaum Associates.

Heider, F. (1958). *The psychology of interpersonal relations*. New York: John Wiley.

Isen, A. M. (1990). The influence of positive and negative affect on cognitive organization：Some implications foe development. In N. Stein, B. Leventhal, & T. Trabasso (Eds.), *Psychological and Biological approaches to emotion* (pp. 75-94). Hillsadale, NJ: Erlbaum.

Kaplan, C. A. & Simon, H. (1990). In search of insight. *Cognitive Psychology, 22*, 374-491.

Kelly, H. H. (1967). Attribution theory in social psychology . In D. Levine(ed), *Nebraska symposium on motivation*. Lincoln, Neb: University of Nebraska press.

Lockhart, R. S., Lamon, M., & Gick, M. L. (1988). Conceptual transfer in simple insight problem. *Memory & Cognition, 16* (1), 36-44.

Mayer, R. E. (1987). *Educational psychology: A cognitive approach.* Boston, MA: Little Brown and Company.

Newell, A. J. & Simon, H. (1972). *Human problem solving*. Englewood Cliffs, NJ: Prentice-Hall.

Nwmann, F. M., Rutter, R. A., & Smith, M. S. (1989). Organizational factors that affect school sense of efficacy, community, and expectations. *Sociolgy of Education, 62*, 221-238.

Overmier, J. B. & Seligman, M. E. P. (1967). Effect of inescapable shock upon subsequent escape and avoidance responding. *Journal of Comparative and Psyciological Psychology, 31*, 570-585.

Perry, R. P. & Penner, K. S. (1990). Enhancing academic achievement in college students through attributional retraining and instruction. *Journal of Educational Psychology, 82*, 262-271.

Rotter, J. B. (1966). Generalizes expectancies for internal versus external control of reinforcement. *Psychological Monographs, 80* (1, whole No. 609).

Schoenfeld, A. H. (1989). Teaching matematical thinking and problem solving. In L. B. Resick & L. E. Klopfer (Eds.), *Toward the thinking curriculum: Current cognitive research*. (pp. 83-103) Alexandria, VA: ASCD.

Schoenfeld, A. H. (1994), *Mathematics thinking and problem solving*. Hillsdale, NJ: Lawewnce Erlbaum.

Schon, D. A. (1987). *The reflective1 practitioner: How professionals think in action*. New York: Basic Book.

Schunk, D. H. (1984). Seuential ttributional feedback and children"s achievement behaviors. *Journal of Education Psychology, 76*, 1156-1169.

Schwartz, A. M. (1992). *The effect of interactive video training in listening techniques, metacognition, and attribution on the listening comprehension of second language*. Unpublished doctoral dissertation, University of Maryland Collage Park.

Seligman, M. E. P. & Maier, S. F. (1967). Failure to escape traumatic shock. *Journal of Experiment Psychology, 74*, 1-9.

Seligman, M. E. P. (1975). *Helplessness*. San Francisco: W. H. Freeman.

Shavelson, R. J. (1972). Some aspects of the correspondence between content structure in expert and cognitive in physics instruction. *Journal of Education Psychology, 63*, 225-234.

Stipek, D. J. & Daniels, D. H. (1988). Declining perceptions of competence: A conseuence of changes in the a child or in the a e educational environment. *Journal of Educational Psychology, 80* (3), 352-356.

Stipek, D. J. (1988). *Motivation to Learn*. Boston: Alley and Bacon.

Weiner, B. & Graham, S. (1989). Uniderstanding the motivational role of effect: Life-span research from an attributional perspective. *Cognition and Emotion, 3* (4), 401-419.

Weiner, B. (1972). *Theories of motivation from mechanism to cognition.* Chicago: Markham.

Weiner, B. (1979). A theory of motivation for some classroom experiences *Journal of Education Psychology, 71*, 3-25.

Weiner, B. (1983). Some thoughts about feeling. In S. G. Paris, G. M. Olson, & H. W. Stevenson (Eds.), *Leaening and motivation in the classroom* (pp.165-178). Hillsdale, NJ: Lawrence Erlbaum Associates.

Weiner, B. (1985). An attributional theory of achievement motivation. *Psychological Review, 92*(4), 548-573.

Weiner, B. (1986). *An attributional theory of motivation and emotion.* New York: Springer.

Weisberg, R. W. & Alba, J. W. (1981). A examination of the role of fixation in the solution of several insight problem. *Journal of Experimental Psychology, 110*, 169-192.

國家圖書館出版品預行編目資料

全腦開發記憶策略與實務／常雅珍著.
--初版.--臺北市：心理, 2005（民 94）

面；　公分.--（一般教育；90）
參考書目：面

ISBN 978-957-702-783-2（平裝）

1.記憶　　　2.學習方法

176.33　　　　　　　　　　94005597

一般教育 90　全腦開發記憶策略與實務

作　　者：常雅珍
責任編輯：何采芹
執行編輯：李　晶
總 編 輯：林敬堯
發 行 人：洪有義
出 版 者：心理出版社股份有限公司
社　　址：台北市和平東路一段 180 號 7 樓
總　　機：(02) 23671490　　傳　　真：(02) 23671457
郵　　撥：19293172　心理出版社股份有限公司
電子信箱：psychoco@ms15.hinet.net
網　　址：www.psy.com.tw
駐美代表：Lisa Wu　　Tel：973 546-5845　Fax：973 546-7651
登 記 證：局版北市業字第 1372 號
電腦排版：臻圓打字印刷有限公司
印 刷 者：中茂分色製版印刷事業股份有限公司
初版一刷：2005 年 5 月
初版二刷：2007 年 10 月

定價：新台幣 250 元
ISBN 978-957-702-783-2

讀者意見回函卡

No. ______　　　　　　　　　　　　填寫日期：　年　月　日

感謝您購買本公司出版品。為提升我們的服務品質，請惠填以下資料寄回本社【或傳真(02)2367-1457】提供我們出書、修訂及辦活動之參考。您將不定期收到本公司最新出版及活動訊息。謝謝您！

姓名：____________________　性別：1□男　2□女

職業：1□教師 2□學生 3□上班族 4□家庭主婦 5□自由業 6□其他____

學歷：1□博士 2□碩士 3□大學 4□專科 5□高中 6□國中 7□國中以下

服務單位：__________________　部門：__________　職稱：____________

服務地址：__________________________　電話：_______　傳真：_______

住家地址：__________________________　電話：_______　傳真：_______

電子郵件地址：____

書名：____

一、您認為本書的優點：（可複選）

❶□內容 ❷□文筆 ❸□校對 ❹□編排 ❺□封面 ❻□其他____

二、您認為本書需再加強的地方：（可複選）

❶□內容 ❷□文筆 ❸□校對 ❹□編排 ❺□封面 ❻□其他____

三、您購買本書的消息來源：（請單選）

❶□本公司 ❷□逛書局⇨_______書局 ❸□老師或親友介紹

❹□書展⇨____書展 ❺□心理心雜誌 ❻□書評 ❼其他________

四、您希望我們舉辦何種活動：（可複選）

❶□作者演講 ❷□研習會 ❸□研討會 ❹□書展 ❺□其他_____

五、您購買本書的原因：（可複選）

❶□對主題感興趣 ❷□上課教材⇨課程名稱__________________

❸□舉辦活動 ❹□其他_______________

（請翻頁繼續）

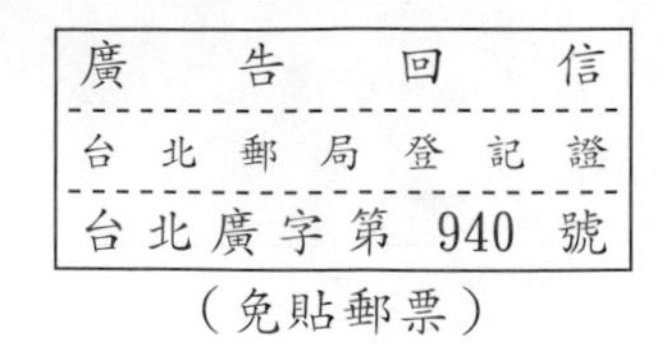

（免貼郵票）

心理出版社股份有限公司
台北市 106 和平東路一段 180 號 7 樓

TEL: (02) 2367-1490
FAX: (02) 2367-1457
EMAIL:psychoco@ms15.hinet.net

沿線對折訂好後寄回

六、您希望我們多出版何種類型的書籍

❶□心理 ❷□輔導 ❸□教育 ❹□社工 ❺□測驗 ❻□其他

七、如果您是老師，是否有撰寫教科書的計劃：□有□無

書名／課程：______________________________

八、您教授／修習的課程：

上學期：______________________________

下學期：______________________________

進修班：______________________________

暑　假：______________________________

寒　假：______________________________

學分班：______________________________

九、您的其他意見

謝謝您的指教！ 41090